中国福利彩票

U0576486

排列三
3D 时时彩

选号技巧 与
投注策略

排列3

正一　舟芳 ○著

方法对，路路通，思路决定出路，细节决定成败
根据不同的号码走势，采取不同的投注方法和投注计划

经济管理出版社
ECONOMY & MANAGEMENT PUBLISHING HOUSE

图书在版编目（CIP）数据

排列三　3D　时时彩选号技巧与投注策略/正一，舟芳著. —北京：经济管理出版社，2018.1
（2023.10 重印）

ISBN 978-7-5096-5633-4

Ⅰ.①排…　Ⅱ.①正…　②舟…　Ⅲ.①彩票—基本知识—中国　Ⅳ.①F832.5

中国版本图书馆 CIP 数据核字（2018）第 015782 号

组稿编辑：杨国强
责任编辑：杨国强　张瑞军
责任印制：黄章平
责任校对：董杉珊

出版发行：经济管理出版社
　　　　　（北京市海淀区北蜂窝 8 号中雅大厦 A 座 11 层　100038）
网　　　址：www. E-mp. com. cn
电　　　话：（010）51915602
印　　　刷：北京晨旭印刷厂
经　　　销：新华书店
开　　　本：720mm×1000mm/16
印　　　张：13.25
字　　　数：218 千字
版　　　次：2018 年 3 月第 1 版　2023 年 10 月第 3 次印刷
书　　　号：ISBN 978-7-5096-5633-4
定　　　价：38.00 元

前言

　　有人说彩票中奖靠的是运气，有人说是靠手气，还有人认为彩票中奖靠的是购彩技巧，等等。大家的购彩过程和方法各有不同，有人喜欢用自选号码投注，有人喜欢采用机选；有人喜欢用小复式进行投注，有人喜欢组选全包投注，还有人偏爱直选投注；等等，但彩民朋友们购彩的目的都是一样的，那就是都希望中奖、中大奖。

　　选三型彩票是众多彩票类型的一个分支，相比乐透型彩票（如双色球、大乐透等）具有中奖概率高、玩法简单、号码具有可预测性、比较容易上手等特点，如 3D、排列三，自从上市以来深受众多彩民们的喜爱。虽然双色球、大乐透也常有人中得大奖，但完全靠技术分析预测中奖的人不多，大部分是靠运气中得的。乐透型彩票的奖金虽然很高，双色球、大乐透的奖金高达几百万元甚至上千万元，看着非常诱人，但是由于中奖概率非常低，双色球的中奖概率大约为一千七百万分之一，大乐透的中奖概率大约是二千一百万分之一，你就是每期都买，连续买一年，投入了很多资金，如果手气不好的话也中不到，再多的奖金也和你没有任何关系。而选三型彩票则不同，它的中奖概率是 1/1000，如果再能掌握一些购彩技巧的话，那么中奖的概率还会进一步提升，因此，会看中奖号码走势图，懂得如何进行技术分析预测和选择投注方式，就显得十分重要。

　　买彩票，是集娱乐、投机和投资于一体的消费方式。投机是人的天性，投机是众多博彩者们普遍所具有的一种心态。有投机就会有风险，购买彩票的风险在于你如果没有中奖，那么你的全部投资就会颗粒无收。既然彩票有风险，那么我们在购买彩票投注时就要想办法控制风险，而提高中奖率的过程其实也就是控制风险过程。只有购彩投注的中奖率提高了，投资的风险才会降低。

分散投资是降低风险的常用手法，也就是"不能把所有的鸡蛋都放在一个篮子里"。分散投资降低风险，应该作为彩民们信守的格言，宁可少一点收益，也要确保资金的安全。选三型彩票的组选号码应该作为投注时的首选，因其中奖概率相对来说是最高的，投注风险也稍小一些，虽然中奖的收益没直选高，但投入的资金也相对安全有保障。

以前我们经常说"条条大路通罗马"，如今说"条条大路通北京"，这句话的含义告诉我们在人生的道路上，千万不可非走一条路。既可以选择读书深造，也可以选择做一门生意，还可以先工作再学习，应根据自身的情况做出适当的选择，当路不太通顺时，可试着变换路径，找到适合自己要走的路，只有这样才可能获得成功。正所谓，"车到山前必有路"，我们玩选三型彩票也是如此，不能只拘泥于某一种投注方法，要依据号码走势特征，做出相对应的投注策略和投注方式，每种投注方式都有其独到之处，各种投注方式可以轮番上阵，有时独辟蹊径也能出奇制胜，只有这样才能永远处于不败之地。所以说，方法对，路路通，思路决定出路，细节决定成败。

"善用兵者以少为多，不善用兵者虽多而愈少也。"（欧阳修）

意思是说，善于用兵的人，以少兵当多兵用；不善于用兵的人，兵再多也不够用。买彩票也有相似之处，懂得购彩技巧的彩民，经常用较少的投入，就能时常中得奖号，而不太了解购彩技巧的彩民，可能投入了很多钱去买彩票，结果却很少中奖。

索罗斯说："你正确或错误并不是最重要的，最重要的是你正确的时候能赚多少钱、错误的时候会亏多少钱。"也就是说，当你正确的时候多于错误的时候时，你已进入了盈利状态。所以，在投资或投注时只要能保持"正确的频率"大于"错误的频率"，你就能赚钱不亏，持之以恒坚持做下去，财富会慢慢累积起来。

为了能使"正确的频率"多于"错误的频率"，在投注选三型彩票时，应该首先对组选号码进行投注，因为组选号码的中奖概率是最高的，虽然收益少一些，但可确保投入的资金相对安全，投资风险可以得到有效控制。老彩民们通常在投注时一般会先考虑组选号码，其次才是直选号码。经验丰富的技术型彩民有能力判断出下期最有可能开出的号码或胆码，根据不同的号码走势特征，采取不同的投注方法和投注计划，在有计划的彩票投资过程中获得稳定的收益。

对于技术型彩民来说，根据不同的号码走势特征，选择不同的投注方法尤为重要。彩民们通常很注重选号、杀号技巧，而忽视了彩票投注技巧及投注策略，一个好的投注技巧是保证能否盈利的前提。选三型彩票目前的投注方法有许多种，且投注方法千变万化，投注技巧各有千秋，可根据当前不同的走势特征，采用不同的投注思路，选择时应因地制宜，不能生搬硬套，要坚定信心，找到适合自己的投注方法，最后达到中奖目的。

索罗斯曾说："一直保持忙碌的交易状态就会产生很多的费用和错误。有时候放松一下往往是一个投资者能做得最好的事情。""我只在有理由上班的时候去上班，而且上班的那天我是真正地在做事情。"对于购买选三型彩票来说，给我们的提示就是不要使自己每天都处于购买彩票的忙碌状态，那样会消磨你的时间和产生多余的费用，只有当看到有好的行情走势的时候，才会去操作，才能全身心投入进去。

"拥有自信或者持仓较小都是无济于事的。""对于一个投资者最重要的事是'正确性的量级'，而不是'正确的频率'有多高。"如果在一个投注中你赢的概率足够大，那么可大举加大投注。当索罗斯觉得他自己是正确的时候，几乎没哪个投资者能够比他下更大的注。

虽然选三型彩票属于小盘玩法，但只要运用得当，一样可以带来可观的收益。

2017 年 2 月 15 日晚，3D 彩票 2017039 期如期开奖，开奖号码：395，2 月 16 日，承德市福彩中心迎来了一位来自滦平县的彩民李先生，李先生拿着 10 张彩票准备兑奖，脸上写满了喜悦。2 月 15 日，李先生连续打了 10 张号码为 395 的 3D 彩票，10 张彩票均为 50 倍投注，投注总金额 1000 元整，合计中奖金额 520000 元。

李先生是老彩民了，因为福利彩票既可以中大奖又可以奉献爱心，于是有空的时候便去福彩投注站打上几注彩票。此次李先生开心地说："买彩票需要保持一份好心态，选号有方法，投注也需要头脑，我以后还会继续购买福利彩票！"

2 月 28 日，某小伙独自一人来到宁夏海原县第 64222205 号福彩投注站，他像往常一样先看走势再敲定 3D 和值范围，最终依据个人的感觉选定了"731"这组号码。不知是感觉好，还是幸运之神悄悄给他"通了风报了信"，往日一向谨慎购彩的小伙，在这一天他居然对"731"进行了 80 倍投注。事后，在陪朋友买彩票的时候，他又对"731"进行了 5 倍投注。事实就是这么凑巧，当晚 3D

彩票第 2017052 期开奖后，小伙如愿命中"731"，共获奖金 88400 元。

　　从中奖者的统计数据看，有相当多的中奖者具有良好的买彩习惯。良好习惯的养成需要一个过程，对于玩彩票的人来说，良好的投注习惯可以帮助你在一定程度上距离大奖更近一些。而大量的实战经验以及实战的分析和研究，是我们玩彩水平得到明显提高的更好选择，所以，经常进行实战才能积累起实际经验。

　　"小玩法、大品牌、固定奖、天天开"是对 3D 彩票的概括，虽然其规模小，但简单易懂，天天开奖，中奖率高，已经成为不少彩民喜爱的玩法，而通过倍投方式，这一小玩法也能创造大收益。

　　祝彩民朋友们多多中奖，尽快中奖！

目 录

第一章　我国选三型彩票发展简介

第一节　选三型彩票发展简介

改革开放后我国彩票业如雨后春笋般迅速发展起来，从无到有，从小到大，其中以选三型彩票为代表的 3D、排列三相继出现。中国彩票业近 10 多年来的快速发展，主要应归功于固定赔率数字型彩票的引入。2004 年 10 月 18 日，福彩开始发行"3D"游戏彩票；同年 12 月初，体彩开始发行准赔率型彩票"排列三"和"排列五"。"排列三"原为"七星彩"的附加玩法，自 2004 年 12 月 8 日起从原有的七星彩玩法中分离出来，使用单独的摇奖机、摇奖机球进行摇奖，排列三、排列五共同摇奖，一次摇出 5 个号码，排列三的中奖号码为当期摇出 5 个号码的前 3 位，每日开奖一次。2005 年和 2006 年两家彩票发行机构的赔率型彩票的年发行量超过 350 亿元，占全年彩票市场份额的 45%，足见其对彩票业的影响。

作为数字型彩票的选三型彩票是投注者在若干个可选择的数字号码中不仅要考虑数字的组合，而且还要考虑数字的顺序而进行投注的一种彩票游戏玩法，也是国际彩票界最风行的彩票游戏之一。

体彩排列三游戏彩票上市已超过 10 年，一直深受广大彩民朋友们的喜爱。近几年虽然新型彩票游戏不断推出，但排列三仍然受到众多彩民的青睐。

选三型彩票作为众多彩票品种的一个分支，如我们常见的 3D、排列三（排列五）、时时彩等，与其他类型彩票相比，选三型彩票的特点是，每天开奖，10 个号码选 3 个，小盘玩法，玩法简单，范围小中奖机会多，中奖概率大，派奖分配稳定，且玩法投注有规律可循，深受广大彩民朋友们特别是技术型彩民的喜爱。其中，直选中奖率为 1/1000，组选六的中奖率为 1/120，组选三的中奖率为 1/90。选三型彩票选号分析方法繁多，其中奇偶、大小、质和、012 路是常用的判断选号方式，还有冷热、连号、隔号、和值、跨度等，此外众多的各种图表的应用便于奖号的走势分析，以及对号码的挑选、筛选和运用。

作为经典的小盘游戏玩法，3D、排列三可谓是彩票中的元老，相信很多彩民对它们的具体玩法（直选、组选六、组选三）一定是耳熟能详，有关 3D、排列三的投注技巧也是信手拈来。通过数据显示，单选和组选六投注玩法是大多数彩民追逐的热点。经过岁月的洗礼，福彩 3D 与体彩排列三游戏已经成为一个智慧博弈的平台，简单的三个数字能在你的想象中变化出无数个可能，把你的梦想变成实实在在的现实，这就是 3D、排列三的魅力所在。

第二节　3D、排列三和时时彩的主要区别及特点

排列三同 3D 的主要区别是，排列三在三位数的基础上又增加了两位数，形成了排列五，如果能精准地选对这个五位数，并且号码的位置都正确，那么将可中得单注奖金 10 万元的排列五大奖。

时时彩属于地方性彩种，大多也是五位数的开奖号码，同排列三、排列五相似，它的主要特点是每天的开奖次数有 120 期，白天每 10 分钟开奖 1 次，22：00 后，每 5 分钟开奖 1 次，开奖次数多，中奖机会多，中奖概率高，适合各种类型的人群购买，特别是那些没有太多时间对彩票图表进行分析的彩民比较适合购买时时彩。

3D 在每天开奖前 2 个小时左右会进行一次试机操作，然后公布一个当天的试机号。福利彩票中心 3D 摇奖大厅一般准备两套摇奖机器（1 号机和 2 号机）

和两个摇奖用球（1号球和2号球），福彩3D正常每天20：30开奖，但在开奖前每天18：20~18：32进行试机操作，福彩中心3D摇奖大厅会用一套机器和一套球先试验一下机器和球，这样开出来的号码就叫试机号。比如说，选用1机1球、1机2球、2机1球或2机2球，来试摇一下机器，这个3D试机号通常情况下在每天的18：26公布。例如，某期3D的试机号是659，1机2球，就是表示今晚试摇用的是1号机和2号球，试摇结果3D的试机号是659。那么当天20：30正式开奖时用的就是摇3D试机号的摇奖机器和试机球来摇出当晚的开奖号码。

体彩排列三虽然也有试机，但试机球用的是没有号码的白球，主要是查验开奖机器是否处于正常运转状态，因此说体彩排列三是没有试机号码的。

在选三型彩票的实战中，如能通过观察分析号码走势图，抓住近期号码的走势特征，也就抓住了中奖的关键点。总体上说，选三型彩票号码走势中，号码的规律形态的出现远比非规律形态的出现概率小得多，因此，彩票中号码的非规律形态的分布就是最大的规律。

在实际走势中，我们经常能看到有连贯的号码走势，比如，奇数—奇数—奇数—奇数、偶数—偶数—偶数—偶数、大数—大数—大数—大数、小数—小数—小数—小数、2路号码—2路号码—2路号码—2路号码、0路号码—0路号码—0路号码—0路号码等，当某一个号码以惯性的形式已经连续发生了4次时，那么接下来此号码继续出现的概率就很低了，我们可以考虑在以后的投注中把这个指标排除掉。

"热者恒热""冷者恒冷"是选三型彩票走势中的常见现象。"热者恒热"，是指某个指标在短期内连续或反复出现的现象。"冷者恒冷"，是指某个指标在多期内没有出现或极少出现的现象。

无论是"热者恒热"还是"冷者恒冷"，都是选三型彩票走势中的常态走势特征，要学会观察和分析这两种走势特征，这种常态走势特征是最有价值的规律特征。

在实战中可以利用这种规律特征，高概率地选择投注号码或者排除掉一些号码，最大限度地提高中奖率。

相对于乐透型彩票，投注选三型彩票的组选号码，其中奖概率是最高的。虽然收益少一些，但可确保投入的资金相对安全，投资风险可以得到有效控制。

乐透型彩票的奖金虽然很高，如双色球、大乐透奖金高达几百万元甚至上千万元，看着非常诱人，但由于中奖概率非常低，如果你中不到，再多的奖金也和你没有任何关系。

选三型彩票属于小盘玩法，如 3D、排列三，中奖号码具有可预测性，中奖概率高，特别是那些能对彩票走势进行数据分析的技术型彩民，可以有能力判断出下期最有可能开出的号码或胆码，从而制订出合理的彩票投注计划，在有计划的彩票投资过程中获得稳定的收益。因此，不要小看选三型数字彩票属于小盘玩法，只要能看准时机，选号得当，加以适当的倍投投注，仍能取得相当可观的购彩收益。

第三节　买彩票需要有好的投资理念和购彩心态

买彩票，是集娱乐投机和投资于一体的消费方式。投机是人的天性，投机是众多博彩者们具有的普遍心态。因此，有投机就必然有风险，我们在购买彩票时，购彩投注的风险无非就是所购的彩票号码与开出的中奖号码不符。既然彩票有风险，那么我们在购买彩票投注时就要想办法控制风险，而控制风险的过程其实也就是提高中奖率的过程。只有购彩投注的中奖率提高了，投资的风险才会降低。

要降低购彩风险就需要运用分散投注法，也就是说每次购彩投注时，不要把所有资金都只买一个号码的彩票，即"不要把所有的鸡蛋都放在一个篮子里"，而是运用合理的投注，起到"东方不亮西方亮"的作用。简单来说，分散投注法就是将你手上的资金，分散购买组选和直选，以及不同类型和不同号码的彩票，这样虽然大多数彩票没有中奖，但只要有几张中奖也会小有斩获。所以，"分散投资"这句话，应该作为购彩者的格言。宁可少赚点，收益率低一些，也要确保使资金安全第一。当然，由于风险和收益成正比，获利的希望越高，遭遇风险的机会越大。所以，彩民朋友们在投资时需要分解风险，以免孤注一掷失败之后造成巨大的损失。可通过合理的资金分散组合，避免"一荣俱荣，一损俱损"的状况发生。要按照风险配比的原则进行购彩资金的合理搭配和运用，只有做到科学配置，才能实现成功购彩投注。因此，投注者不单从利益方面着想，更应从风险方面着想，虽然分散投资表面上看表现为局部收益减少，但只要坚持长期的投入，财富总量还是会不断地增长。

买彩既是娱乐，也是投资，实际操作时应以娱乐的心态对待，以减少低玩彩过程中的压力，不管是赢还是输，始终保持一颗平常心对待开奖结果，并且要时刻头脑清醒，避免做出过激的冲动决策。玩彩讲究的是购买策略和资金的运用，赢固然重要，但输时也要懂得放手，把控好进入的时间节点是取胜之关键。买彩要集中有限的资金，重点用于购买那些比较看好的号码，避免那种既买组六也防组三，看好的单选买成组选，看好的组选买成单选。由此得到的体会是，在买相当看好的单选时，千万别忘了买些组选。对自己不熟悉的彩票品种，最好不去参与购买。比如，平时喜欢玩时时彩可同时又玩 11 选 5；既买 3D 又买排列三；买完双色球又买大乐透；这种目标不集中的购买方式，既分散了精力又分散了有限的投注资金。

"条条大路通罗马"，不管你是走陆上公路，还是经河道水路，还是走空中通道，只要把握好大方向，就一定能够到达罗马。购彩中奖也有相似之处，无论你采用哪一种投注方式，如定胆投注、包和值、组选小复式等，只要思路正确，选号投注得当，功夫不负有心人，到时一定能截获奖号。方法对，路路通，中奖不仅需要有耐心，还要有恒心，观察走势，把握时机，一旦看准机会，就要相信自己，适时进行投注，中奖是迟早的事。

对于技术型彩民来说，根据不同的走势特征，选择不同的投注方法尤为重要。彩民们通常很注重选号、杀号技巧，而忽视了彩票投注技巧及投注策略，一个好的投注技巧是保证能否盈利的前提。选三型彩票目前的投注方法有许多种，可根据当前不同的走势特征，采用不同的投注思路，进而选择适合的投注方法，最后达到中奖目的。

平常我们经常能看到彩票中心及各种彩票网站发布的中奖号码分布数据统计信息，但只是笼统地观看这一堆堆的分布数据并不能帮我们中奖，我们需要对号码分布表里的数据进行细致的观察和筛选，挑选出当前情况下也就是近期最有价值的走势特征，然后利用这些走势特征确定当期最有可能开出的号码投注范围，选择一个恰当的投注方式，同时配合其他指标作进一步筛选，以缩减号码投注的总数量，降低投注成本。

　　一年前你可能还未接触彩票，一年后或许你已成为彩票行家。买彩票中大奖是一件随机性很强的事情，但是，你的努力是会提高中奖率的，对于世界上每一个人来说，有付出就会有收获，有投入就会有回报。首先，你需要坚持购买彩票，不管是自选还是机选，都有中奖的机会，而你不买就彻底失去了中奖的可能。其次，通过不断的购买积累经验和方法，能提升你的中奖概率。另外，我们必须看到一个事实：不是付出投入的购彩资金越多就能收获得越多。也就是说，付出和投入一定要讲究方法和策略，一个好的方法和策略能给你带来事半功倍的效果。有些人在短时间内，时常会中奖；而有些人经常购买彩票，而且也花费不少，却很少中奖，这其实就是没有掌握好投注技巧和选号方法。因此，投注和选号方法是否正确，是能否中奖的关键因素。当然，这种技能是要通过学习和一定的实战经验逐步养成的，一分耕耘，一分收获。只要肯付出努力，就一定会有所回报。

　　选三型彩票的投注形式是多种多样的，在研究形态特征时，要找到适合于自己的、最有感觉的方法，并且不要拘泥于一两种形态，要学会运用各种投注分析方法。在实战中，可以根据自身的资金状况，充分发挥个人的智慧潜力，设计出适合自己的投注计划。只要彩民朋友们能够合理地把握好分散投注的购彩理念，一定会在选三型彩票的投注中广进财源。

第二章 选三型彩票基本概念

第一节 选三型彩票常用术语

一、和值

选三型彩票的和值是指当期开奖号码的 3 个数字相加的总和。例如，某期的开奖号码是 267，它的和值计算方法：2+6+7=15，那么 267 的和值就是 15。

二、跨度

跨度是指开奖号码中最大数减去最小数的差值。例如，某期的开奖号码是 195，用它的最大数 9 减去最小数 1 等于 8，那么奖号 195 的跨度值就是 8。

跨度也称首尾边距，其最大边距为 9，最小边距为 0。跨度是选三型彩票中一个重要参考指标，如能判断确定一个当期的跨度，就可以锁定一个或几个两码组合，减少号码总投注数量。

跨度从跨度 0 至 跨度 9 一共分为 10 跨，即跨度 0、跨度 1、跨度 2、跨度 3、跨度 4、跨度 5、跨度 6、跨度 7、跨度 8、跨度 9。

跨度还有三个衍生概念，百十位小跨度（指百十位较大数减去较小数所得值）、十个位小跨度（指十个位较大数减去较小数所得值）、百个位小跨度（指百个位较大数减去较小数所得值），例如，开奖号码 267 对应的百十位小跨度为 4，十个位小跨度为 1，百个位小跨度为 5。

三、胆码

　　胆码是指开奖当期的必出码（也叫金码），胆码分为单胆码和双胆码，如能精准地确定当期必出的单胆码或双胆码就能缩小选号范围，大大降低投注总数量和投注成本胆码。选三型彩票的胆码是指技术型彩民通过分析或判断，认定在当期开奖号码中能够高概率出现的号码，即当期的必出码，胆码也叫金码，胆码分为单胆和双胆。如果能精准地确定当期要开出的单胆或双胆，就能排除一些多余的投注号码，减少彩票投注号码的总数量，从而降低成本，节省投注资金，提高购彩收益率。

四、012 路

　　012 路是把 0~9 这 10 个号码分别除以 3，根据所得余数的不同分为 3 类：除 3 余数是 0 的号码为：0、3、6、9，统称为 0 路号码；除 3 余数是 1 的号码为：1、4、7，统称为 1 路号码；除 3 余数是 2 的号码为：2、5、8，统称为 2 路号码。

　　0 路号码：0、3、6、9。

　　1 路号码：1、4、7。

　　2 路号码：2、5、8。

五、大小数

　　在选三型彩票里，把 0~9 这 10 个号码分为大数和小数，大于 4 的数称为大数，即 5、6、7、8、9，小于 5 的数称为小数，即 0、1、2、3、4。

　　大数：5、6、7、8、9。

小数：0、1、2、3、4。

六、大中小

选三型彩票的大、中、小是相对于大数和小数做了更细一步的划分，以便更准确地捕捉开奖号码以及分析奖号变化趋势。

大、中、小的划分：

大：7、8、9。

中：3、4、5、6。

小：0、1、2。

七、奇偶

选三型彩票的奇偶是彩民们选号分析时的常用指标，奇：1、3、5、7、9偶：0、2、4、6、8。

奇偶有多种形态：

组选（4种形态）：全偶、两偶一奇、一偶两奇、全奇。

直选奇偶（8种形态）：偶偶偶、偶偶奇、偶奇偶、奇偶偶、奇偶奇、奇奇偶、偶奇奇、奇奇奇。

八、质数、合数

质数同数学里面的质数基本上一样，但是为了平衡质数与合数，将1也认定为质数，即1、2、3、5、7为质数，0、4、6、8、9为合数。

九、重合码

重合码是指选三型彩票大中小数与012路的号码交集。小数0、1、2与1路号码1、4、7的交集重合码为1；中数3、4、5、6与0路号码0、3、6、9的交集重合码为 3、6；大数 7、8、9 与 2 路号码 2、5、8 的交集重合码是 8。我们把 1、3、6、8 称为重合码。

十、排序号码

排序号码是把中奖号码的 3 个数字按照从小到大的顺序重新排列，以便于挑选号码时分析使用。

开奖号码经过排序后最小号码称为排序 1 号码；最大号码称为排序 3 号码；介于排序 1 号码与排序 3 号码之间的号码为排序 2 号码。

比如，开奖号码为 562，经过重新排序后的号码是 256，它的排序 1 号码是 2，排序 2 号码是 5，排序 3 号码是 6。又如，开奖号码为 877，经过重新排序后的号码是 778，它的排序 1 号码是 7，排序 2 号码是 7，排序 3 号码是 8。

十一、连号

连号是指开奖号码中包含两个或三个相连的号码，即两个号码的差值为 1。比如，奖号 237 中，有 2 个相连号码 2 和 3。又如，奖号 456，是 3 个号码相连，4 和 5 相连，5 和 6 相连。三连号又俗称为"拖拉机"。

十二、和尾

和尾是指选三型彩票开奖号码 3 个数字相加之和的尾数，即和值的尾数，例如：开奖号码是 195，先计算它的和值：1+9+5=15，那么它的和尾就是 5。即和值中的个位数称为和尾。

和尾数有 0~9 共 10 种，每一个和尾数里都包含 1 注直选的"豹子"号，9 注"组选三"和 12 注"组选六"号码。和尾可分为单点：1、3、5、7、9 和双点：0、2、4、6、8；同时又可分为小点：0、1、2、3、4 和大点：5、6、7、8、9；还可以分为 012 路：0369，147，258。可对各个尾数、单双点、大小点、012 路的出号特征进行跟踪，当判断某一尾数中出号希望较大时，即可在相应尾数中进行选号投注。

十三、和值振幅

和值振幅是指本期和值与上期和值之差的绝对值。

十四、直选

直选是指购买彩票的号码顺序位置，与开奖号码的顺序位置完全相同，如开奖号码为 032，投注号码也为 032，即为中了直选奖，直选（也叫单选）每注奖金为 1000 元，选三型彩票共计有 1000 注直选。

十五、组选

把直选之外的号码类型称为组选。组选分为组选六和组选三两种号码类型。组选的 3 个号码必须和直选的 3 个号码完全一样，但组选号码和开奖号码在位置、顺序上可以不一样。

在中奖号码中，组选六占据着极其重要的位置，占 70% 左右，也就是说组六号码平均开出 3 次左右，才会有一次出现组三号码的机会。一般情况下，可将组六分为两大类。第一类叫连号，比如 239、655 等，中奖号码中有两个号码是相连的。第二类叫跳号，比如 820、196 等，跳号的特点是：中奖号码的三个数字都是间隔的，也就是不相连的。

在 120 注组六号码当中，有 71 注为连号，约占全部组六号码的 60%，跳号约占 40%。如能预测当期将开出连号，并确定其中一个胆码，那么中奖的概率将会大增，同时也可缩小号码投注范围，降低投注成本。

十六、豹子号

豹子号就是开奖号码的 3 个数字完全一样。它是直选里的一种特殊类型号码。一共有 10 注：000、111、222、333、444、555、666、777、888、999。豹子号码必须采用直选进行投注。

十七、斜 3 连

斜三连是指在选三型彩票号码分布表上，连续三期的 3 个号码，形成在间距上保持相等的斜 3 连号。例如，第一期开出 5，第二期开出 7，第三期开出了 9，那么就构成了 5-7-9 等间距的斜 3 连 。 斜 3 连在彩票购买实战中具有非常重要的作用。

十八、热温冷

热温冷是指在选三型彩票开奖号码分布表上，根据数字（0~9）在某一统计分析区间出现的频率，从而来确定各个数字冷热状态。一般以 7 期为一个统计分析阶段，本期前 7 期出现次数大于 2 次的为热码，等于 2 次的为温码，小于 2 次的或没有出现的是冷码。

热温冷号码一般以 7 天为一个阶段定义。

热码：7 天（一周）内出现 3 次或 3 次以上的号码，称为热码。

温码：7 天（一周）内出现 2 次的号码，称为温码。

冷码：7 天（一周）内出现 1 次或 0 次的号码，称为冷码。

十九、遗漏值

选三型彩票的遗漏值是指，某个号码或数字（0~9）没有出现的期数统称为遗漏值。比如：某个号码（0~9）最近 5 期没有出现，那么它的遗漏值就是 5 。

遗漏值主要有以下几种：

（1）当前遗漏值：指某一号码当前间隔多少期没有开出。

（2）最大遗漏值：指某个号码历史最长间隔多少期没有开出。例如，某个号码历史最长间隔 81 期没有开出，那么它的最大遗漏值就是 81。

（3）平均遗漏值：指某一号码自从开奖以来平均多少期中出 1 次，平均遗漏值的计算公式为：平均遗漏值＝总期数÷该号码的总中出次数。

二十、邻孤传

邻孤传是相对于上一期开奖号码来说的。邻号指与上期开奖号相邻但不相同的数字；传号指与上期开奖号相同的数字；孤号指与上期开奖号既不相同也不相邻的数字。如第 2016212 期奖号为 693，传号即为 693，邻号为 024578（3 的邻号为 24、6 的邻号为 57、9 的邻号为 08），孤号为 1（去掉传号、邻号剩下的号码是孤号）。

二十一、复隔中

复号指与上期奖号相同的号码，即等同于传号；隔号指与上上期奖号相同但与上期奖号不同的号码，即遗漏值为 1 的号码；中号指既不是复号也不是隔号的号码。比如：068 期开奖号码为 910，069 期开奖号码为 518，那么对于 070 期选号来说，复号为 518，隔号为 0、9，其余 23467 均为中号。复号、隔号、中号均非固定号码，注数随走势情况变化而变化。复隔中可分为 10 种组选形态：1 复 1 隔 1 中、2 复 1 隔、2 复 1 中、2 隔 1 复、2 隔 1 中、2 中 1 复、2 中 1 隔、3 复、3 隔、3 中。

二十二、振幅

在选三型彩票中，振幅是指本期开奖号码与上一期开奖号码按位（百位、十位、个位）比较的差值的绝对值。例如，307 期的开奖号码是 586，308 期的开奖号码是 126，那么本期的百位振幅是"1－5＝4"，十位振幅是"2－8＝6"，个位振幅是"6－6＝0"。

二十三、升降凸凹形态

选三型彩票的 1000 注直选号码，除 10 注豹子号外，其余直选号码主要有升降凸凹四种形态。从百位到个位逐渐变大的号码称为升型，例如 159、566、338 等；中间大两头小的号码称为凸型，例如 597、253 等；中间小两头大的号码称为凹型，例如 625、107 等；从百位到个位逐渐变小的号码称为降型，例如 650、877 等。

二十四、追号

所谓追号，就是看中了一注或一组号码，就连续买上几期或十几期甚至几十期。追号，也叫守号。在一般的彩票，比如双色球、排列三等彩票中，许多人经常根据幸运数字固定购买固定的号码，有的人能持续购买十几年之久。

在高频彩票中，追号概念被充分地引用。而且是有技巧的追号，这时，追号往往是和倍投结合在一起的。最终的保证在最后一次的中奖中实现盈利。

二十五、N 码复式包号倍投

N 码复式包号倍投在彩民们投注号码时被广泛采用，该方法的优点在于，杀准数个号码后投注，简单易行，中奖概率高，收益率平稳。

在实际操作中可依据号码走势表，先杀掉 2 个号码后，定一组 8 码组选复式，并进行 5 倍左右的倍投（命中率在 90% 以上），然后根据条件继续杀掉命中率比较高的 1 个号码，剩下 7 码再倍投，再根据条件杀 1 个号，剩下 6 个号码再倍投，最后结合大小、单双等形态，倍投 5 码和 4 码。只要 4 码能命中，5 码、6 码等以上复式组合将通通中奖，就算 4 码错误，还有 7 码、8 码，也能确保当期投入不亏。此方法对于杀号和定胆上的要求比较高，适合有一定经验的技术型彩民使用。

二十六、012 路叠加和值

在这里，首先引入一个新的名词概念："012 路叠加和值"，见表 2-1，如 287 期开奖号码是 890，其 012 路和值就是 2 路 +0 路 +0 路 =2，属于 258 中的 2 路和值其叠加后的 2，就看作是本期的叠加和值。又如 297 期开奖号码是 853，其 012 路和值就是 2 路 +2 路 +0 路 =4，属于 147 中的 1 路和值，其叠加后的 4，就看作是本期的叠加和值。

表 2-1 叠加和值 012 路走势

期号	号码	和值	跨度	叠加和值 012 路计算	叠加和值 012 路
287	890	17	9	2 + 0 + 0 = 2	2 路
288	430	7	4	1 + 0 + 0 = 1	1 路
289	736	16	4	1 + 0 + 0 = 1	1 路
290	631	10	5	0 + 0 + 1 = 1	1 路
291	196	16	8	1 + 0 + 0 = 1	1 路
292	240	6	4	2 + 1 + 0 = 3	0 路
293	804	12	8	2 + 0 + 1 = 3	0 路
294	612	9	5	0 + 1 + 2 = 3	0 路
295	392	14	7	0 + 0 + 2 = 2	2 路
296	479	20	5	1 + 1 + 0 = 2	2 路
297	853	16	5	2 + 2 + 0 = 4	1 路
298	733	13	4	1 + 0 + 0 = 1	1 路

二十七、重码

重码是指本期开出的中奖号码与上期开出的奖号里面含有相同的数字，重码也叫重号和传号。

二十八、重邻隔码

重邻隔码分别是指：重复号码、相邻号码和间隔一期的号码。

二十九、五星定位胆

五星定位胆一般是指时时彩万、千、百、十、个一共五个位置上的任意一个号码，定位就是说可以单独买看好的这五个位置上任何一个位置的号码。每个定胆都是相互独立的，互不关联，每中一个位置都有奖金，例如买 5 星定位胆号码 6，如果开奖号码里有一个 6 那就中奖了，如果五个位置开出有两个 6 就多中一份。

三十、不定位胆

不定位胆，是指你买的这个胆号，不需要固定在某个开出的位置上，只要这个胆号在选定的投注范围内出现就算中奖。不定位胆一般玩法有后三不定位和前三不定位，后三不定位的意思就是你买了一个数字，只要你买的这个数字出现在开奖号码后三位里面就算你中奖了。

比如，投注购买的是后三不定位胆 6，结果，开奖号码为 71526，因为百、十、个号码里面包含有"6"，所以就中奖了。如果你买的是前三不定位胆 1，因前三开出的号码 715 里包含有"1"，所以也算中奖了。

三十一、当前遗漏

当前遗漏是指某一号码上次出现与当前期之间相隔的期数。

三十二、心水码

心水码是指彩民朋友们认为本期最有可能开出的号码。

三十三、理论周期

理论周期指的是某一号码理论上多少期出现一次，比如百位号码 5 理论上 10 期出现一次，那么号码 5 的理论周期就是 10。

三十四、试机号

福彩 3D 在每天开奖前 2 个小时左右会进行一次试机操作，然后公布一个当天的试机号。福利彩票中心 3D 摇奖大厅一般准备两套摇奖机器（1 号机和 2 号机）和两个摇奖用球（1 号球和 2 号球），福彩 3D 正常每天 20：30 开奖，但在开奖前每天 18：20~18：32 进行试机操作，福彩中心 3D 摇奖大厅会用一套机器和一套球先试验一下机器和球，这样开出来的号码就叫试机号。比如，选用 1 机 1 球、1 机 2 球、2 机 1 球或 2 机 2 球，试摇一下机器，这个 3D 试机号通常情况下在每天的 18：26 公布。例如，该期 3D 的试机号是 659，1 机 2 球，就是表示今晚试摇用的是 1 号机和 2 号球，试摇结果 3D 的试机号是 659。那么当天 20：30 正式开奖时用的就是摇 3D 试机号的摇奖机器和试机球摇出当晚的开奖号码。

一般情况下，试机号的形态与开奖号的形态不会保持一致。比如，试机号出现奇偶奇，那中奖号通常不会出现奇偶奇的情况，尤其是单选的时候，这样的概率更高。其他几种类型也是同理，比如质合、大小等。值得注意的是，如果彩民购买的形态不是单选而是组选的话，那么形态重复的可能性还是很大的。比如，试机号是两奇一偶，那么中奖号也很可能是两奇一偶，也就是试机号的组选形态可以为中奖号形态提供参考。另外，在试机号与开奖号形态转换中，有一个强弱的变化趋势，也就是试机号中占优的形态在开奖号中可能变弱。比如试机号开出的两大，那么中奖号很可能就有两小。这个规律也可作为试机号对开奖号的一种影响。

据一些老彩民们提供的观察经验，在大冷号解冻之前，从试机号中能看出先兆，即在试机号上都会有提前两次频繁的表现。所以在关注福彩 3D 的冷号前，为避免盲目跟进和不必要的资金投入，要多加关注同期试机号的动态表现，一旦发现试机号开始频繁出现冷号组合，则意味着大冷号进入警戒线了，有心的彩民朋友们便可以抓住时机，适时介入。

第二节　选三型彩票号码分类

一、选三型彩票号码分类

选三型彩票是由 10 个不同数字组成的，选号范围是从 0~9，通过不同的分类，号码可以有多种组合方式，常见的号码分类如下：

直选号码（1000 注）：两小一大、两大一小各占 375 注。两单一双、两双一单分别是 375 注。全大、全小；全单、全双各占 125 注。

组选号码（210 注）：两大一小、两小一大各占 75 注。两单一双、两双一单分别是 75 注。全大、全小；全单、全双各占 30 注。

拖拉机号码：012、123、234、345、456、567、678、789、890、901。拖拉机号码总计 60 注直选，占全部号码的 60%。

豹子号码：000、111、222、333、444、555、666、777、888、999。共 10 注直选，占全部号码的 10%。

组六号码：共 120 注组选，720 注直选，占全部号码的 72%。

组三号码：共 90 注组选，270 注直选，占全部号码的 27%。

连号：连号共有 90 注号码，其中包括 20 注组选三和 70 注组选六，其单、双点的比率是相同的。

非连号：不含连号的组选号码共 130 注，其单点、双点也是各占一半。

半顺号码：组选 40 注，直选 240 注，所占比例为 24%。分别是：013、014、

017、018、124、125、128、129、023、235、236、239、034、134、356、568、569、145、245、457、458、346、347、256、067、367、467、679、078、178、478、578、189、289、589、689、029、039、069、079。

假对号码（含有05、16、27、38、49对码组合）：共40注组选，240注直选，所占比例为24%。分别是：052、035、057、058、059、015、045、056、163、164、168、169、126、016、156、167、127、237、267、270、274、275、278、279、038、138、358、368、238、348、378、389、491、492、496、497、349、459、049、489。

按号码奇偶可分为：全奇数号码，全偶数号码；两奇一偶，两偶一奇。

按号码大小可分为：全大数号码，全小数号码；两大一小，两小一大。

按号码质和可分为：全质数号码，全和数号码；两质一和，两和一质。

二、选三型彩票全部组选投注号码及豹子号

组六号码一共120注：012 013 014 015 016 017 018 019 023 024 025 026 027 028 029 034 035 036 037 038 039 045 046 047 048 049 056 057 058 059 067 068 069 078 079 089 123 124 125 126 127 128 129 134 135 136 137 138 139 145 146 147 148 149 156 157 158 159 167 168 169 178 179 189 234 235 236 237 238 239 245 246 247 248 249 256 257 258 259 267 268 269 278 279 289 345 346 347 348 349 356 357 358 359 367 368 369 378 379 389 456 457 458 459 467 468 469 478 479 489 567 568 569 578 579 589 678 679 689 789。

组三号码一共90注：001 002 003 004 005 006 007 008 009 011 022 033 044 055 066 077 088 099 112 113 114 115 116 117 118 119 122 133 144 155 166 177 188 199 223 224 225 226 227 228 229 233 244 255 266 277 288 299 334 335 336 337 338 339 344 355 366 377 388 399 445 446 447 448 449 455 466 477 488 499 556 557 558 559 566 577 588 599 667 668 669 677 688 699 778 779 788 799 889 899。

豹子号一共10注：000 111 222 333 444 555 666 777 888 999。

三、跨度的组合与分类

跨度从跨度 0 至 跨度 9 一共分为 10 跨，即跨度 0、跨度 1、跨度 2、跨度 3、跨度 4、跨度 5、跨度 6、跨度 7、跨度 8、跨度 9。

跨度也称首尾边距，其最大边距为 9，最小边距为 0。

跨度是选三型彩票中是一个重要的指标参数，如能判断确定一个当期的跨度，就可以锁定一个或几个两码组合，减小总投注数量。

跨 0 至跨 9 的两码组合如下所示：

跨 0 的两码组合：00、11、22、33、44、55、66、77、88、99。

跨 1 的两码组合：01、12、23、34、45、56、67、78、89。

跨 2 的两码组合：02、13、24、35、46、57、68、79。

跨 3 的两码组合：03、14、25、36、47、58、69。

跨 4 的两码组合：04、15、26、37、48、59。

跨 5 的两码组合：05、16、27、38、49。

跨 6 的两码组合：06、17、28、39。

跨 7 的两码组合：07、18、29。

跨 8 的两码组合：08、19。

跨 9 的两码组合：09。

跨度有以下几种特殊情况：

（1）跨度 0 是豹子号；

（2）跨度 1 是组三号码；

（3）跨度 2 是组三或者 3 连号（拖拉机）。

选三型彩票的 10 个跨度包含的注数分别如下：

跨度 0 单选 10 注 跨度 0 的号码一定是豹子号；

跨度 1 单选 54 注，组选三 18 注，组选六 0 注；

跨度 2 单选 96 注，组选三 16 注，组选六 8 注；

跨度 3 单选 126 注，组选三 14 注，组选六 14 注；

跨度 4 单选 144 注，组选三 12 注，组选六 18 注；

跨度 5 单选 150 注，组选三 10 注，组选六 20 注；

跨度 6 单选 144 注，组选三 8 注，组选六 20 注；

跨度 7 单选 126 注，组选三 6 注，组选六 18 注；

跨度 8 单选 96 注，组选三 4 注，组选六 14 注；

跨度 9 单选 54 注，组选三 2 注，组选六 8 注。

小计：

豹子号 10 注；

组三号码 90 注，转换成直选号码一共 270 注；

组选六号码 120 注，转换成直选号码一共 720 注直选；

豹子号（10 注）+组三号码（270 注）+组六号码（720 注）=1000 注。

跨度发生频率最高的区域是跨 3、跨 4、跨 5、跨 6、跨 7，而跨 0、跨 1、跨 2、跨 8、跨 9 出现的次数相对来说要少一些。从它们各自的总注数上也能看出，跨 3 至跨 7 包含的注数量大，因而相对出现的概率也就大一些。

跨度的分类：

（1）按奇偶分为奇数跨度和偶数跨度：奇数跨度，跨 1、跨 3、跨 5、跨 7、跨 9；偶数跨度，跨 0、跨 2、跨 4、跨 6、跨 8。

分析跨度的奇偶走势可以用来筛选号码。这种分法是利用跨度的奇偶特性，在观察分析奖号时很有用，比如我们在判断下期跨度值时，上几期已经连续多次出现奇数跨度值号码，那么下几期应多考虑偶数跨度。

（2）按大小分为大跨度和小跨度：大跨度包括跨 5、跨 6、跨 7、跨 8、跨 9；小跨度包括跨 0、跨 1、跨 2、跨 3、跨 4。对跨度大小的分析非常有用，同分析奇偶跨度一样对于选号有着非常重要的作用。

（3）按中奖概率分为大概率组和小概率组：大概率组包括跨 3、跨 4、跨 5、跨 6、跨 7；小概率组包括跨 0、跨 1、跨 2、跨 8、跨 9。这种分法的作用是，强调重点，即一般选号时要偏重于大概率组的出号选择。

（4）按 012 路跨度可分为：0 路跨度、1 路跨度、2 路跨度。0 路跨度包括跨 0、跨 3、跨 6、跨 9；1 路跨度包括跨 1、跨 4、跨 7；2 路跨度包括跨 2、跨 5、跨 8。分析 012 路跨度具有重要的实战意义，可以缩小选号范围，以较少的注数命中开奖号码。

（5）按质和分为质数跨度、和数跨度。质数跨度包括跨 1、跨 2、跨 3、跨 5、跨 7，和数跨度包括跨 0、跨 4、跨 6、跨 8、跨 9。

四、选三型彩票号码按和值大小分类

下面是选三型彩票号码按和值大小分类：

和值 0　000；

和值 1　001；

和值 2　002 110；

和值 3　111 003 012；

和值 4　004 112 220 013；

和值 5　005 113 221 014 023；

和值 6　222 006 114 330 015 024 123；

和值 7　007 115 223 331 016 025 034 124；

和值 8　008 116 224 332 440 017 026 035 125 134；

和值 9　333 009 117 225 441 018 027 036 045 126 135 234；

和值 10　118 226 334 442 550 019 028 037 046 127 136 145 235；

和值 11　119 227 335 443 551 029 038 047 056 128 137 146 236 245；

和值 12　444 228 336 552 660 039 048 057 129 138 147 156 237 246 345；

和值 13　229 337 445 553 661 049 058 067 139 148 157 238 247 256 346；

和值 14　338 446 554 662 770 059 068 149 158 167 239 248 257 347 356；

和值 15　555 339 447 663 771 069 078 159 168 249 258 267 348 357 456；

和值 16　448 556 664 772 880 079 169 178 259 268 349 358 367 457；

和值 17　449 557 665 773 881 089 179 269 278 359 368 458 467；

和值 18　666 558 774 882 990 189 279 369 378 459 468 567；

和值 19　559 667 775 883 991 289 379 469 478 568；

和值 20　668 776 884 992 389 479 569 578；

和值 21　777 669 885 993 489 579 678；

和值 22　778 886 994 589 679；

和值 23　779 887 995 689；

和值 24　888 996 789；

和值 25　889 997；

和值 26　998；

和值 27　999。

五、连号的分类及组成

连号包括半连（俗称半顺）和全连（俗称拖拉机），拖拉机指的是三连号，如果将 0~9 这 10 个数字由小到大首尾相连，就会出现十注三连号：012、123、234、345、456、567、678、789、890、901。连号一般是相对于组选号码来说的，组选连号共有 90 注，其中包含 20 注组选三号码和 70 注组选六号码，其单点、双点的比率是相同的。而不含连号的 130 注组选号码的单点，双点也是各占一半。

选三型玩法彩票中直选号码总计一共有 1000 注，其中含有连号的直选号码有 480 注，因而连号的理论中出概率应为 48%。

六、热温冷号码类型及应用

热温冷号码一般以 7 天为一个阶段来定义。

热码：7 天（一周）内出现 3 次或 3 次以上的号码，称为热码；

温码：7 天（一周）内出现 2 次的号码，称为温码；

冷码：7 天（一周）内出现 1 次或 0 次的号码，称为冷码。

热温冷号码可分为 10 种组选形态：1 热 1 温 1 冷、2 热 1 温、2 热 1 冷、2 温 1 热、2 温 1 冷、2 冷 1 热、2 冷 1 温、3 热、3 温、3 冷，热温冷号码各形态的注数随走势变化而变化。

热温冷号码的应用与邻孤传、复隔中、重斜边一样，重点在于灵活应用。理论上讲，选三型彩票中的 0~9 这 10 个数字按其百、十、个位，每个号码出现的概率都是 1/10，但在实际的开奖过程中，每个号码的出现次数并不均匀。我们观察冷热码的出现情况，可以 10 期为一个时间段来统计每个号码的出现频率，按百、十、个位分别标出号码在每个位置出现的情况，出现次数多的就是热号，出现次数少的就是冷号。

通过对近期号码热温冷的观察和分析，可以对当期开奖号码的选号范围，或者排除掉一些近期低概率出现的号码起到一定的参考作用。

七、组选号码的分类

组选分为组选六和组选三两种号码类型。组选的三个号码必须和直选的三个号码完全一样，但是组选号码和开奖号码可以在位置、顺序上不一样，如开奖号码为 268，那么 286、628、862、682、826 都算中了组选奖。

组选分为组选六和组选三两种组选类型，其中组选六号码有 120 注，组选三号码有 90 注，共计 210 注组选号码。组选六每注奖金为 160 元，开奖号码里没有两个相同的号码；组选三每注奖金为 320 元，开奖号码里有两个相同的号码，如开奖号码为 565，那么 556、655 都算组选三中奖。

组选六还可细分为以下三类：①顺子（也称拖拉机）：即三个数字能组成三连号，如 345、687、201 等，顺子共计有 60 注直选。②半顺：把只有 2 个数字相邻的组六称为半顺，如 031、561、827 等，半顺共计有 360 注直选。③杂六：三个数字各不相邻的组六称为杂六，如 275、630、842 等，杂六共计有 300 注直选。

八、等距组合号码分类

选三型彩票开奖号码是由三个数字组成的，这三个数字可以分为两个距段：第一个距段为第一个数字与第二个数字之间的跨度，第二个距段为第二个数字与第三个数字之间的跨度。假如两个距段的跨度相等的话，那么，就把这个奖号称为等距组合号码，如 246、567、333 等。

在选三型彩票全部号码组合中，等距组合号码有五种：等距 0、等距 1、等距 2、等距 3、等距 4。由于号码之间等距的不同，每一种等距组合号码都具有自己的独特风格。

（1）等距为 0 的号码：

等距为 0，实际上就是三个位置上的号码相同，俗称"豹子号"，即 000、111、222、333、444、555、666、777、888、999，共 10 注号码，全为单选，中奖概率为 1%。

（2）等距为 1 的号码：

等距为 1 的号码，由三连码构成，属于组选六形态，也称为"拖拉机"等距号码，它们是：012、123、234、345、456、567、678、789，共 8 注号码，转换成单选，一共是 48 注，中奖概率为 4.8%。

（3）等距为 2 的号码：

等距为 2 的号码，号码的形态主要有两种：

1）等距为 2 的全奇号码，它们是：135、357、579。

2）等距为 2 的全偶号码，它们是：024、246、468。

等距为 2 的号码一共合计为 6 注，属于组选六号码，转换成单选号码是 36 注，中奖概率为 3.6%。

（4）等距为 3 的号码：

等距为 3 的号码在号码组成上形成"两边奇、中间偶"或"两边偶、中间奇"的结构。一共有 4 注号码，分别是：036、147、258、369，转换成单选一共是 24 注，中奖概率为 2.4%。

（5）等距为 4 的号码：

间距跨度越大的号码组合，包含的号码数量越少，只有 2 注号码，即 048、159。由于这两注号码在形态上为全奇数、全偶数的结合，它的中奖概率和"豹子号"差不多，只有 1.2%。

等距组合还有一个突出的特点，就是中间号码具有举足轻重的作用。因为要维持两边的距离完全相等，中间号码就担负起平衡的作用。在等距号码组合的 30 注号码中，中间号码为 0、1、2、7、8、9 六个号码的只有 12 注，而中间号码为 3、4、5、6 这四个号码的却包括 18 注。因此，在考虑选择投注等距号码组合时，尽量选择中间号码为 3、4、5、6 的号码组合，它们的中奖概率相对高一些。另外，不同的等距号码组合其开出的周期不一样，可观察中短期号码走势特征，适时作出判断进行投注。

第三章 如何杀号选号

第一节 选三型彩票一些常用杀号方法

我们在选三型彩票投注之前，如能运用各种有效方法正确地杀掉一些当期不会开出的号码，那么对提高投注的准确率还是有很大帮助的。

杀号是彩票在投注之前进行选号的高级技术手段，目前有两种：公式法和综合分析法。

以下是一些排列三杀号方法，可在排列三选号时进行参考，望有助彩民朋友们提高排列三的投注中奖率。

（1）开奖日是星期几，就通杀几的对子，如开奖日是星期三，就通杀 33 的对子。

（2）通杀上一期跨度值的对子，如 279 期跨度值为 6，则通杀 66 的对子，结果 280 期开出号码 802。见表 3-1。

表 3-1　开奖号码（一）

期号	奖号	和值	跨度	杀号对子
278	232	7	1	
279	506	11	6	通杀 11 的对子
280	802	10	8	通杀 66 的对子

续表

期号	奖号	和值	跨度	杀号对子
281	136	10	5	通杀 88 的对子
282	828	18	6	通杀 55 的对子
283	004	4	4	通杀 66 的对子

（3）连续两期开出相同和尾之后，第三期可排除此和尾再次开出。见表 3-2。

表 3-2 开奖号码（二）

期号	奖号	和值	跨度	和尾
278	232	7	1	7
279	506	11	6	1
280	802	10	8	0
281	136	10	5	0
282	828	18	6	8
283	004	4	4	4

280 期、281 期连续开出和尾 0，则 282 期可排除和尾 0 再一次开出。

（4）通杀与跨度相同的百十个位号码，例如，279 期中奖号码为 506，跨度 6，跨度值与个位数相同，因而预测 280 期个位可杀号码 6，280 期实际开奖号码为 802，杀号正确。

又如，280 期中奖号码是 802，跨度 8，跨度与百位数相同，那么预测 281 期百位可杀号码 8，结果 281 期开奖号码为 136，杀号正确。

（5）上一期中奖号码与上上期中奖号码按位相减绝对值的相加之尾可排除。

（6）通杀上一期和值尾数的对子，如 282 期的和值尾数是 8，则 283 期通杀 88 的对子。

（7）首尾边距杀号法：

用排列三可选的最大号码 9 减去首尾边距值，所得的数值即为要杀的号码。特点是通过上期开奖号码预测下期要杀的号码，例如，279 期的开奖号码是 506，把 6-0="6"（首尾边距值），再用 9-6="3"，那么 280 期选号时就可把号码 "3" 排除掉。

（8）通杀当期期号尾数的对子，如 283 期的期号尾数是 3，我们就可以杀掉 33 的对子。

（9）把上两期奖号的和值相加，得数取其尾数，则下期可通杀此尾数的对子，如把 280 期、281 期两期的和值相加，10＋10＝20，取其尾数 0，则 282 期可以通杀 00 的对子。

（10）如果连续 2 期以上都出现某一数字，则下期可以通杀该数的对子，如 279 期出现数字 0，280 期又出现了数字 0，则 281 期可以杀掉 00 的对子。

（11）假如已经出现斜 3 连跨度号，那么其下一期的 4 斜连跨度就应当是"绝杀跨度"了，如表 3-3 所示。

表 3-3　绝杀跨度

期号	奖号	跨度	跨度走势									
			0	1	2	3	4	5	6	7	8	9
115	002	2			2							
116	488	4					4					
117	945	5						5				
118	369	6							6			
119	139	8								杀	8	
120	877	1		1								

116~118 期走出了跨度 4、5、6 的 3 斜连特征，那么在 119 期的跨度走势预测中，跨度 7 就应当是"绝杀跨度"了。

（12）在选三型彩票的跨度走势中，经常会出现跨度±1 的走势。如表 3-4 所示。

表 3-4　跨度走势

期号	奖号	和值	跨度	备注
344	103	4	3	跨度+1
345	562	13	4	
346	100	1	1	排除跨度 5
347	589	22	4	

续表

期号	奖号	和值	跨度	备注
348	757	19	2	
349	154	10	4	
350	519	15	8	
351	475	16	3	跨度−1
352	424	10	2	
353	453	12	2	排除跨度1

344 期中奖号码 103、跨度 3，345 期中奖号码 562，跨度 4（跨度+1 走势）；

351 期中奖号码 475、跨度 3，352 期中奖号码 424，跨度 2（跨度−1 走势）。

虽然这种跨度±1 的走势比较多，但很少有递增（或递减）的 3 斜连跨度走势，如跨 5–跨 6–跨 7，跨 3–跨 2–跨 1 这样的 3 斜连跨度走势，这实际上就给了我们一个杀号的机会。

如 344 期中奖号码 103、跨度 3，345 期中奖号码 562，跨度 4，这两期的跨度便形成了一个跨度+1 的走势，于是 346 期便可以将跨度 5 的组合排除掉，结果 346 期中奖号码是 100，跨度 1，排除正确。

又如 351 期中奖号码 475、跨度 3，352 期中奖号码 424，跨度 2，这两期的跨度便形成了一个跨度−1 的走势，于是 353 期便可以将跨度 1 的组合排除掉，结果 353 期中奖号码是 453，跨度 2，排除正确。

（13）开奖号码和值杀号法。

表 3–5　开奖号码（三）

期号	奖号	和值	跨度	和尾
278	232	7	1	7
279	506	11	6	1
280	802	10	8	0
281	136	10	5	0
282	828	18	6	8
283	004	4	4	4

把上期开奖号码的和值拆分相加取其尾数，再用最大码 9 减去此尾数，所得

数值即为本期要杀的号码。例如，278 期的奖号是 232，和值为 $2+3+2=7$，再用 $9-7=$ "2"，"2" 就是 279 期要杀的号码；又如，279 期的奖号是 506，和值为 $5+0+6=11$，然后把 11 变为 $1+1=$ "2"，再用 $9-2=$ "7"，"7" 就是 280 期要杀的号码。

（14）通杀当期开奖日期尾数的对子，如 273 期，当期开奖日期是 10 月 6 日，则 273 期就可以通杀对子 66。

（15）用福彩 3D 试机号杀号。

福彩 3D 试机号码还有另外一个用途，就是用来杀号。杀号的方法也比较简单，就是把福彩 3D 试机号的 3 个号码排序，用最大号码减最小号码，再用最大号码减次小号码，得出的两个差值可以杀掉。例如，福彩 3D 049 期试机号码 649，用最大号码 9 减最小号码 4 等于 5，再用最大号码 9 减次小号码 6 等于 3，那么当期可以杀号 5、3，结果 050 期开奖号码是 278，杀号正确。

福彩 3D 试机号与开奖号的形态转换上，一般情况下，福彩 3D 试机号的形态与开奖号的形态不会保持一致。比如，福彩 3D 试机号出现偶奇偶，那中奖号通常不会出现偶奇偶的情况，尤其是直选的时候，其他几种号码类型也是如此，如质合、大小等。但是，对于组选号码来说，实际开奖号形态与福彩 3D 试机号形态的重复可能性很大。例如，福彩 3D 试机号是两奇一偶，那么中奖号也有可能是两奇一偶，也就是说福彩 3D 试机号的组选形态可以作为投注号码形态的一种参考。

另外，福彩 3D 试机号如开出两大，那么中奖号很可能就有两小。还有，从福彩 3D 试机号中能看出冷号解冻先兆，即冷号解冻前，都会提前在福彩 3D 试机号中断续显露出现。

所以，对于特别关注福彩 3D 冷号的彩民朋友们，为了避免盲目跟进，要多加关注同期福彩 3D 试机号的出号动态，一旦发现福彩 3D 试机号中开始频现冷号组合，就意味着大冷号已经开始解冻了，可以观察跟进，适时抓住时机介入进行投注。

第二节　运用图表等方法选号定胆

下面是一些很实用的排列三选号定胆方法，在一定的情况下加以运用，可以对挑选及筛选号码、提高投注中奖率起到帮助作用。

一、观察中奖号码走势图直接选号

通过对排列三中奖号码走势图进行观察分析，以及分析查看组选图和三个位置（百、十、个）的分位走势图，根据近期号码出号特征，从而挑选出备选号码进行投注。通过组选图可以观察号码的遗传与斜连特征，从而找出合适的胆码；通过分位图可以利用历史号码走势数据，观察号码的对称或非对称特征，再根据相似性原理，确定当期每个位置有可能开出的高概率号码。

这种根据看走势图的选号方法，看图者本人的主观感觉和直觉判断对最终能否中奖起着决定性作用，号码分布图形走势上并没有固定的规律性可言，但是我们可以抓住近期号码的出号特征，从而捕捉到号码的出号范围。看图直接选号法比较直观、简单，适合于各年龄段、各种文化层次的彩民使用。

二、用上期开奖号码百位减十位、十位减个位、百位减个位（取绝对值），得出的 3 个数为下期胆码

表 3–6　定胆方法（一）

期号	开奖号码	百减十	十减个	百减个	结果
278	232				
279	506	1	1	0	对
280	802	5	6	1	错
281	136	8	2	6	对
282	828	2	3	5	对
283	004	6	6	0	对

三、用上期开奖号码（直选号码）按位减去组选号码（组选号一般按从小到大排列，如和直选号相同，则把十位和百位对掉），所得出的 3 个数（取绝对值）为下期胆码

表 3–7　定胆方法（二）

期号	直选号码	组选号码	直减组按位得数	结果
278	232	223	011	对
279	506	056	550	对
280	802	028	826	对
281	136	136（百十对掉后，316）	220	对
282	828	288	660	对
283	004	004		

用这种方法预测胆码的准确性是比较高的，而且简便易行。

四、排列三五行定胆方法

五行定胆方法就是用当期期号的尾数来定双胆。方法是：先找到与当期期号尾数相同的五行金、木、水、火、土里的数字，然后再按照五行，金生水、水生木、木生火、火生土、土生金对号入座找到所对应的两码，用来作为本期的双胆码。

金：49，木：38，水：16，火：27，土：05。

金生水、水生木、木生火、火生土、土生金。

例如，279 期期号的尾数是 9，9 属金，金生水，水的数字为 16，则定 16 为当期的双胆码。结果，279 期开奖号码是 506，正确。

五、用福彩 3D 上期奖号来计算定胆

彩民们在实战中总结了一个用福彩 3D 上期开奖号计算出的定胆公式，也有一定的中奖概率可供在 3D 投注时参考，就是用福彩 3D 上一期的开奖号码除 3 取整数为胆。比如，329 期福彩 3D 开奖号码为 244，除以 3 后取整数得 81，结果 330 当期开奖号码是 318，含有胆码 8。又如，340 期福彩 3D 开奖号码为 493，除以 3 后取整数得 164，结果 341 期开奖号码是 151，含有胆码 1。

六、看走势定和值选胆码

喜欢购买排列三的彩民们都有一套自我的看号、分析预测号码的技巧与方法，在实战中通过分析短期内开奖号码的走势趋势，利用号码的斜连、跨度、和尾、两码位差等各种指标判断下期号码的出现形态，是排列三的常用手法。

虽然排列三的每期开奖号码都是随机产生的，但其中还是有很多规律性特征的东西值得发掘和研究。其中，号码分布的走势图形、号码的冷热出号走势特征、近期和值与跨度表现出来的态势，以及近期奇偶、大小的走势趋势等，只要摸清近期一周左右和值的走势态势，抓住三四个和值点位，用 2 个热号作为胆码，并结合跨度、和尾作出的投注号码范围，可以说基本上不会超过 20 注，对自我感觉特别好的几组号码还可以用加倍的方式进行投注，以便获取潜在的更多收益。

七、利用跨度走势特征进行选号

从排列三跨度 012 路走势中我们看到，跨度 012 路的各路走势都有一定的阶段性惯性走势，如 331~333 期，以及 338~340 期和 345~347 期，1 路跨度的惯性走势；334~336 期，还有 352~354 期，2 路跨度的惯性走势。

因此，我们可以利用跨度走势的这一特征，捕捉下期跨度 012 路出号范围，并进一步配合其他指标，如和值、奇偶、大小等，把投注号码总数压缩到最小范围。

表 3-8　排列三跨度 012 路走势

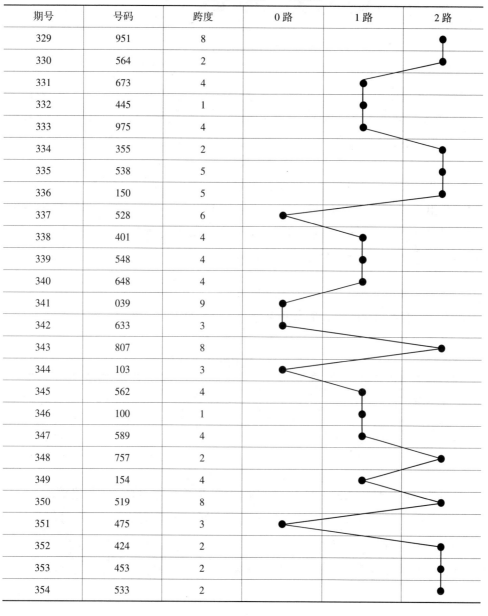

期号	号码	跨度	0 路	1 路	2 路
329	951	8			
330	564	2			
331	673	4			
332	445	1			
333	975	4			
334	355	2			
335	538	5			
336	150	5			
337	528	6			
338	401	4			
339	548	4			
340	648	4			
341	039	9			
342	633	3			
343	807	8			
344	103	3			
345	562	4			
346	100	1			
347	589	4			
348	757	2			
349	154	4			
350	519	8			
351	475	3			
352	424	2			
353	453	2			
354	533	2			

八、用连号的数字来确定近期胆码

表 3-9　近期胆码（一）

期号	349	350	351	352	353	354
号码	154	519	475	424	453	533
备注	开出连号"45"	含连号数字"5"	含连号数字"45"	含连号数字"4"	含连号数字"45"	含连号数字"5"

当开出连号后，可在 1~5 期内把连号的数字作为胆码进行追踪，一般在 5 期内必会出 1 或 2 胆。例如，349 期开出连号 154，下一期 350 期的奖号 519 就包含连号"45"中的"5"，隔一期 351 期的奖号 475 又重复出现连号数字"45"。这种排列三的定胆方法，简单实用，有较高的中奖率。

九、用跳号的邻号作为近期胆码

表 3-10　近期胆码（二）

期号	340	341	342	343	344	345
号码	648	039	633	807	103	562
备注	648 的邻号：3579	含邻号"39"	含邻号"3"	含邻号"7"	含邻号"3"	含邻号"5"

当开出跳号时，我们可在 1~5 期内把跳号的邻号作为胆码进行追踪，一般在 5 期内必会出 1 或 2 胆。例如，340 期开出跳号 648，那么，648 的邻号包括 3579 这 4 码。结果，341 期奖号 039 包含邻号"39"；342 期奖号 633 包含邻号"3"；343 期奖号 807 包含邻号"7"，等等。

十、利用奇偶与大小的惯性走势特征进行选号

表 3–11　奇偶、大小走势

期号	号码	奇偶走势				大小走势			
		全奇	两奇	两偶	全偶	全大	两大	两小	全小
335	538		●				●		
336	150		●					●	
337	528			●			●		
338	401			●					●
339	548			●			●		
340	648				●		●		
341	039		●					●	
342	633		●					●	
343	807			●			●		
344	103		●						●
345	562			●			●		
346	100			●					●
347	589		●			●			
348	757	●				●			

从表 3–11 中我们可以看到，选三型彩票组选号码的两奇、两偶和两大、两小在走势上均有一定的惯性特征，因此在实战中，我们可利用这一惯性走势特征，适时捕捉两奇一偶或两偶一奇号码，同时配合其他指标挑选出高概率的投注号码。

十一、分析奖号百、十、个位 012 路短期走势特征捕捉出号范围

表 3–12　十位号码 012 路走势

期号	09	10	11	12	13	14	15	16	17	18	19	20	21	22	23	24	25	26
十位奖号	0	7	0	2	8	2	5	6	1	1	0	9	5	2	5	0	5	5

表 3–13　个位号码 012 路走势

期号	09	10	11	12	13	14	15	16	17	18	19	20	21	22	23	24	25	26
个位奖号	2	6	9	5	2	1	0	9	7	5	6	3	4	8	0	9	9	9

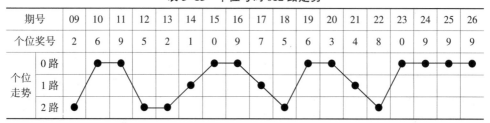

从以上的奖号按位 012 路走势表中可以看到，十位的 012 路走势中 2 路号码惯性特征明显，而个位的 012 路走势则是 0 路号码在短期内惯性走强。

"强者恒强，弱者恒弱"，是选三型彩票及其他数字型彩票中的常见现象，我们可以利用它们这种阶段性走势特征，适时捕捉号码出号范围，或者排除掉一部分号码。这种对百、十、个位 012 路号码按位进行分析的方法，在直选定位选号过程中是有很大帮助的。

十二、利用和值012路走势特征选号

表3-14　和值012路走势

期号	号码	和值	和值012路走势分布		
			0路和值 (0，3，6，9，12，15，18，21，24，27)	1路和值 (1，4，7，10，13，16，19，22，25)	2路和值 (2，5，8，11，14，17，20，23，26)
335	538	16		●	
336	150	6	●		
337	528	15	●		
338	401	5			●
339	548	17			●
340	648	18	●		
341	039	12	●		
342	633	12	●		
343	807	15	●		
344	103	4		●	
345	562	13		●	
346	100	1		●	
347	589	22		●	
348	757	19		●	
349	154	10		●	
350	519	15	●		
351	475	16		●	
352	424	10		●	

在选三型彩票中，我们通常把除以3的余数称为路数，除以3的余数有余0、余1、余2三种情况，也称为012路。在这里指的是和值012路选号投注法。和值从0~27一共28个和值点位，除以3的余数可以分为三组：

0路和值：0、3、6、9、12、15、18、21、24、27，共计10个和值；

1路和值：1、4、7、10、13、16、19、22、25，共计9个和值；

2 路和值：2、5、8、11、14、17、20、23、26，共计 9 个和值。

观察和分析和值的 012 路走势特征有着非常重要的实战意义，如能精准地判断出当期号码属于哪一路的和值，那么就可以对这一路的和值号码进行全包投注。

在 012 路和值对应的组选号码中，0 路和值包含的组三号码有 24 注、组六号码有 42 注；1 路和值包含的组三号码有 33 注，组六号码有 39 注；2 路和值包含的组三号码有 33 注，组六号码有 39 注。在确定了号码 012 路和值的基础上，可以再配合其他指标对投注号码作进一步的筛选。

十三、利用跨度 012 路与质合走势特征进行选号

表 3–15　跨度 012 路与质合走势

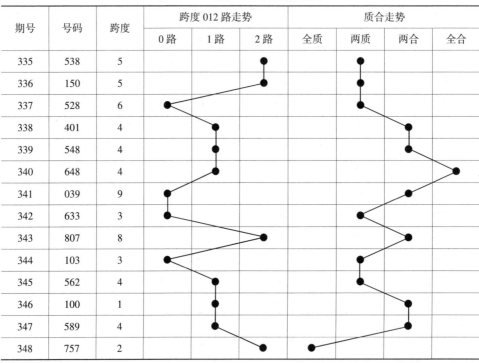

期号	号码	跨度	跨度 012 路走势			质合走势			
			0 路	1 路	2 路	全质	两质	两合	全合
335	538	5			●		●		
336	150	5			●		●		
337	528	6	●				●		
338	401	4		●				●	
339	548	4		●				●	
340	648	4		●					●
341	039	9	●					●	
342	633	3	●				●		
343	807	8			●			●	
344	103	3	●				●		
345	562	4		●			●		
346	100	1		●				●	
347	589	4		●				●	
348	757	2			●	●			

从上面的跨度 012 路与质合走势表中我们可以看到，335~336 期，341~342 期跨度 2 路和跨度 0 路出现惯性走势，338~340 期，345~347 期跨度 1 路也有惯性走势。同样我们看到，335~337 期，344~345 期两质的惯性走势，338~339 期，

346~347 期两合的惯性走势。

在实战中，我们可以利用这种跨度 012 路与质合的惯性走势特征，适时锁定号码投注范围。比如，根据跨度走势图分析确定当期跨度走向，当判断跨度走 0 路时即可全包 0 路跨度 0369，也可再进一步综合分析跨度 09，因跨度 09 包含的注数很少，出现的概率也较低，如不看好跨度 09 出现时我们可以不考虑，那么我们只要全包跨度 36 的组六号码就可以了。

十四、利用跨度邻位特征进行选号

表 3-16　跨度邻位现象走势

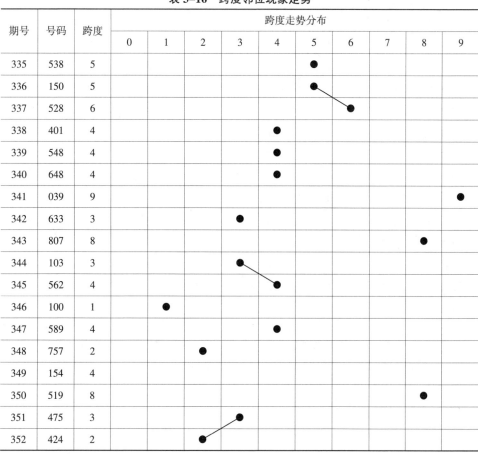

期号	号码	跨度	跨度走势分布									
			0	1	2	3	4	5	6	7	8	9
335	538	5						●				
336	150	5						●				
337	528	6							●			
338	401	4					●					
339	548	4					●					
340	648	4					●					
341	039	9										●
342	633	3				●						
343	807	8									●	
344	103	3				●						
345	562	4					●					
346	100	1		●								
347	589	4					●					
348	757	2			●							
349	154	4										
350	519	8									●	
351	475	3				●						
352	424	2			●							

从上面的跨度邻位现象走势表中可以看到，跨度值在走势表上经常会每隔几期就表现出邻位特征。因此，我们可利用这种邻位特征，适时做出判断进行定跨选号。

十五、利用排序号码重合码特征选胆码

表 3-17 排序号码重合码走势

期号	号码	排序 1 号码	重合码	排序 2 号码	重合码	排序 3 号码	重合码
335	538	3	③	5	1	8	⑧
336	150	0	1	1	①	5	1
337	528	2	2	5	1	8	⑧
338	401	0	3	1	①	4	1
339	548	4	4	5	1	8	⑧
340	648	4	5	6	⑥	8	⑧
341	039	0	6	3	③	9	1
342	633	3	③	3	③	6	⑥
343	807	0	1	7	1	8	⑧
344	103	0	2	1	①	3	③
345	562	2	3	5	1	6	⑥
346	100	0	4	0	2	1	①
347	589	5	5	8	⑧	9	1
348	757	5	6	7	1	7	2
349	154	1	①	4	2	5	3
350	519	1	①	5	3	9	4
351	475	4	1	5	4	7	5
352	424	2	2	4	5	4	6

十六、利用三重号特征选胆码

表 3-18 三重号特征走势

期号	号码	备注 1	备注 2
246	627	246~247 期两期都出现号码"7"，形成 2 重号	结果 246~248 期号码"7"形成 3 重号
247	714		
248	708	248 期"7"有望形成 3 重号？	
249	281		
250	180		
251	424	251~252 期两期都出现号码"2"，形成 2 重号	结果 251~253 期号码"2"形成 3 重号
252	902		
253	298	253 期"2"有望形成 3 重号？	
254	031		
255	395		
256	767		
257	194	257~258 期两期都出现号码"1"，形成 2 重号	结果 257~259 期号码"1"形成 3 重号
258	718		
259	551	259 期"1"有望形成 3 重号？	
260	578		
261	988		
262	941		
263	304		
264	395	264~265 期两期都出现号码"5"，形成 2 重号	结果 264~266 期号码"5"形成 3 重号
265	502		
266	582	266 期"5"有望形成 3 重号？	

在实战中，我们可以利用三重号走势特征选胆码，本方法简单易懂，希望能对彩民朋友们起到帮助作用。

从表 3-18 中我们看到，当上两期发生重号后，则下一期将有望形成 3 重号。这种 3 重号走势特征很普遍，一般每隔 2~4 期就会出现一次，因此，我们可利用这个有利特征，轻松捕获到我们需要的胆码。

十七、利用奇偶走势特征进行选号

如能判断出当期和值为奇或为偶，那么，即可去掉一半不大可能出的号，然后配合其他指标进一步筛选缩小出号范围。

在开奖号码中，两奇一偶和两偶一奇的号码居多，一般情况下此类型奖号占了全部中奖号码的一半以上。因此，大多数时候我们应把精力放在研究分析两奇一偶和两偶一奇的出号走势上。在确定了两奇一偶或两偶一奇的基础上，如能准确判断是大奇数（5、7、9）还是小奇数（1、3），是大偶数（6、8）还是小偶数（0、2、4），那么大约可排除 3/4 的号码。

而全奇全偶则是每隔一段较长的时间才会开出，可对全奇全偶的出号进行跟踪，如连续 15 期以上未开出时，可以着手对其进行关注。

在位和的奇偶分析上，如百位+十位的和已连续多期为奇，那么我们再次选号时，可以重点关注百位+十位的和为偶。

在单选按位（百、十、个）出号的分析上，比如，当期看好"2 奇 1 偶"，若某个位置连续 4 期出偶，接下来可考虑选择奇号，我们应该从奇奇偶、奇偶奇、偶奇奇三种号码形式着手，分析确定本期哪种号码形式有较高的出现概率。

十八、胆配大小数选号投注

如果选定的胆码是大数，而判断当期号码组合是两小一大，那么只需用胆码与小数 01234 进行配号，组六号码数量是 10 注，需要投入 20 元，组三号码数量是 5 注，需要投入 10 元。

如选定的胆码是大数，判断当期号码组合是两大一小，那么需要用胆码先与大数 56789 相配，再与小数 01234 相配。经过配号组成的组六号码数量一共是 25 注，需要投入 50 元；组三号码数量是 5 注，需要投入 10 元。

如选定的胆码是大数，判断当期号码组合是全大。那么需要用胆码与大数 56789 中的另外 4 个相配，组六号码组合数量是 4 注，需要投入 8 元；组三号码数量是 5 注，需要投入 10 元（其中包含 1 注豹子号）。

如选定的胆码是小数，而判断当期号码组合是一小两大，那么只需用胆码与大数56789进行配号，组六号码组合数量是10注，需要投入20元；组三号码数量是5注，需要投入10元。

如选定的胆码是小数，判断当期号码组合是一大两小，那么需要用胆码先与小数01234相配，再与大数56789相配。经过配号组成的组六号码数量一共是25注，需要投入50元；组三号码数量是5注，需要投入10元。

如选定的胆码是小数，判断当期号码组合是全小。那么需要用胆码与小数01234中的另外4个相配，组六号码数量是4注，需要投入8元；组三号码数量是5注，需要投入10元（其中包含1注豹子号）。

采用1胆配大小数的方法进行选号投注，能够节省购彩资金，对于投注组六和组三号码来说，可以有效地提高中奖率和收益率。

十九、冷热码排除法选号

在选三型彩票组选投注中，依据号码0~9的近期走势，先排除近期最冷的两个号码，然后排除最热的两个号码，这样就剩下6个号码。例如，通过观察号码走势，排除掉近期最冷的两个号码3、7和最热的两个号码0、9，排除后剩下的号码为1、2、4、5、6、8，在此基础上，如果我们判断号码组合是连号结构，那么所有的组合应该是124、125、126、128、451、452、456、458、561、562、564、568，共12组号码。如果我们判断号码组合是跳号，那么所能组合的号码个数更少。目前，有不少彩民使用此方法进行投注，即使全买这12注号码也只需24元，所以用这种方法包号投注花钱不多，中奖率高。

二十、运用三大条件配合胆码选号

选三型彩票定一个胆的组选投注号码共有54注，全包的话注数还是有些偏多，如能配合以下三大条件选号，可大大提高投入产出比，有效节省投注资金。

（1）从和值角度选号定胆投注：选三型彩票的和值包含从0~27共28个和值点位，其中每个和值又包含不同数量的各种形式号码，28个和值点位包含的号码数值呈概率学上的正态分布，趋于中间的11~16这6个和值点位是包含投注号码最多的点位，大约覆盖了43%的号码。一般情况下，建议彩民们多关注这6个点位。据历史走势统计，10期之内，11~16的号码出现的次数在4~6次，基本符合数学概率的规律。平常观察号码走势，不需要每期都去购买投注，当看好和值将会在11~16这6个点位范围内开出时，可根据条件筛选只保留其中3个和值，然后定1个胆码，这样下一期号码的投注范围就可以压缩到十几注，如认为当期不会开出组三和全单、全双号码，那么投注号码仅剩下几注（10注以下）。

（2）从大小角度选号定胆投注：

1）如判断下期奖号为2大1小，所选胆码为大码（5~9），那么，投注号码总数为25注，排除掉组三和全单、全双号码的话，最后投注号码剩下17注，需投入资金34元；如判断下期奖号为2大1小，所选胆码为小码（0~4），那么，投注号码总数为15注，排除掉组三和全单、全双号码的话，最后投注号码剩下7注，需投入资金14元。

2）如判断下期奖号为2小1大，所选胆码为小码（0~4），那么，投注号码总数为25注，排除掉组三和全单、全双号码的话，最后投注号码剩下17注，需投入资金34元；如判断下期奖号为2小1大，所选胆码为大码（5~9），那么，投注号码总数为15注，排除掉组三和全单、全双号码的话，最后投注号码剩下7注，需投入资金14元。

（3）从奇偶角度选号定胆投注：

1）如判断下期奖号为2奇1偶，所选胆码为奇数（1、3、5、7、9），那么，投注号码总数为25注，排除掉组三和全大、全小号码，最后投注号码剩下16~17注；如判断下期奖号为2奇1偶，所选胆码为偶数（0、2、4、6、8），那么，投注号码总数为15注，需投入资金30元。

2）如判断下期奖号为2偶1奇，所选胆码为偶数（0、2、4、6、8），那么，投注号码总数为25注，排除掉组三和全大、全小号码，最后投注号码剩下16~17注；如判断下期奖号为2偶1奇，所选胆码为奇数（1、3、5、7、9），那么，投注号码总数为15注，需投入资金30元。

二十一、两码相加等于 10 的方法选号

福彩 3D 中奖号码平均间隔 5 期左右就会出现两码相加等于 10 的组合。两码之和等于 10 的情况有：19、28、37、46、55。当我们以 1、2、3、4 其中一个号码作为胆码时，就可以运用此种方法，但前提是分析近期出现频率是否过多，如果出现多次，这种方法就不宜使用。

二十二、根据福彩 3D 上期个位出号预测下期胆码

根据实战经验总结以开奖号码的个位预测下期要出的胆码组合，准确率还是比较高的，希望能对彩民朋友们有所帮助。

个位出 0：下期胆码预测 01378。

个位出 1：下期胆码预测 01458。

个位出 2：下期胆码预测 12678。

个位出 3：下期胆码预测 01369。

个位出 4：下期胆码预测 13478。

个位出 5：下期胆码预测 34678。

个位出 6：下期胆码预测 03569。

个位出 7：下期胆码预测 15789。

个位出 8：下期胆码预测 34589。

个位出 9：下期胆码预测 13478。

二十三、根据和值上期个位出号预测下期胆码

从表 3-19 中我们看到，在和值走势中经常会有"三步一回头"的回位现象出现（见箭头指示方向），因此我们可利用这一回位特征准确地捕捉下期和值出号范围，再配合其他指标进行筛选可把投注数量压缩到最小限度，达到中奖的目的。

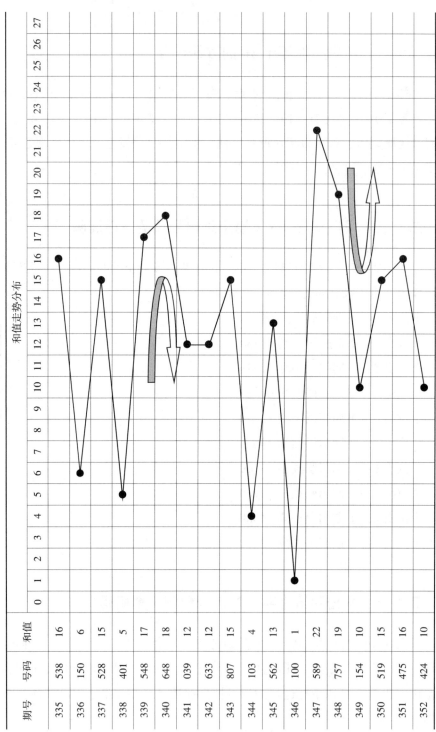

表 3-19 和值走势

和值走势分布

期号	号码	和值	0	1	2	3	4	5	6	7	8	9	10	11	12	13	14	15	16	17	18	19	20	21	22	23	24	25	26	27
335	538	16																	●											
336	150	6							●																					
337	528	15																●												
338	401	5						●																						
339	548	17																		●										
340	648	18																			●									
341	039	12													●															
342	633	12													●															
343	807	15																●												
344	103	4					●																							
345	562	13														●														
346	100	1		●																										
347	589	22																							●					
348	757	19																				●								
349	154	10											●																	
350	519	15																●												
351	475	16																	●											
352	424	10											●																	

二十四、利用大小、单双选胆码

每次开奖前直接看走势，看大小，看单双，如果连续 3~5 期出两大一小，接下来买两小一大；或者连续 3~5 期出两单一双，接下来买两双一单。这样一般经常可中两码，如果再配合好定位选项，有一定的概率击中直选号码。

二十五、用福彩 3D 试机号定胆

一般情况下，在当晚开出的中奖号码中出现 1 个或 2 个试机号中包含号码，在福彩 3D 全部开奖中，3D 试机号与中奖号码重复 1 个以上数字的情况占据 70% 以上，因此彩民们可以从 3D 试机号中选择 1 个心水号作为当期的胆码。另外，彩民们在实战中还总结了一个用 3D 试机号来计算的定胆公式，有一定的中奖概率可供在 3D 投注时参考，也就是用当期 3D 试机号除以 3 取整数为胆。比如，329 期 3D 试机号码为 244，除以 3 后取整数得 81，当期的开奖号码为 834，包含胆码 8。

二十六、用福彩 3D 试机号口诀定胆

彩民们根据长期以来的观察总结出 3D 试机号和开奖号码之间的相互关联，即下面的 3D 试机号口诀定胆技巧：

见 0 多半没有 0；有 1 大半不见 1；有 2 一定要用 2；有 3 不如选 46；有 4 常会出 69；见 5 常伴 1 或 9；现 6 多有 47 随；7 出选 8 还有 0；有 8 常出偶数字；有 9 捡出 173。

在这里，前面的数字指的是 3D 试机号，后面的数字指的是开奖号，比如 3D 试机号里出现了 9，那么开奖号里出现数字 1、7、3 的机会就非常大。当然，这种出号机会只是就号码出现的概率相对较大而言。

二十七、用前两期的开奖号相加（相加不进位）得到一个 3 位数作为胆码

例如，307 期开奖号 586，308 期开奖号 126。586+126=602（注意：相加不进位，即两数相加后如等于大于 10 只取个位）309 期开出 225，击中胆码 2。

二十八、如何判断下期开出组三还是组六

判断下期是否会开出组三号码不能用单一的方法，要进行综合分析。①看开奖号码分布图，观察近期号码走势特征，看有无出组三号码的可能；②如果 3D 试机号是组三，开奖号也出了组三，那么下次试机号还是组三时则最好投注组六号码；③一般连续出三期组三的可能性很小，如果已连出两期组三，接着出组六，隔一天又出组三，那么接下来再次开出组三的可能就很小了，应该转为买组六号码。

选三型彩票玩法中直选号码共有 1000 注，其中组三的直选号码占 270 注，其理论出现概率为 27%，因此我们可以运用博彩公式计算出遗漏值与组三号码出现概率的量化关系，如表 3-20 所示。

表 3-20 组三号码遗漏期数与出现概率对照

组三号码出现概率（%）	组三号码遗漏期数（期）
85	6
90	7
95	10
99	15
99.9	22

一般情况下，当组三号码 5 期没有出现，就可以开始关注；如果连续 8 期没有出现，就要重点关注组三号码的出现，因为这时组三号码的出现概率已经超过 90%。

二十九、排列三和排列五的走势图表需互相参看对照

表3-21 排三、排五号码对照

（标注：金胆4）

期号	号码	排三号码分布										排五号码分布									
		0	1	2	3	4	5	6	7	8	9	0	1	2	3	4	5	6	7	8	9
335	53843				3		5			8					③	4	5			8	
336	15072	0	1				5					0	1	2			5		7		
337	52883			2			5			8				2	3		5			⑧	
338	40121	0	1			4						0	①	2		4					
339	54833					4	5			8					③	4	5			8	
340	64820					4		6		8		0		2		4		6		8	
341	03970	0			3						9	◎			3				7		9
342	63321				③			6					1	2	③			6			
343	80740	0							7	8		◎				4			7	8	
344	10317	0	1		3							0	①		3				7		
345	56276			2			5	6						2			5	⑥	7		
346	10039	◎	1									◎	1		3						9
347	58909						5			8	9	0					5			8	⑨
348	75727						5		⑦					2			5		⑦		
349	15444		1			4	5						1			④	5				
350	51947		1				5				9		1			4	5		7		9
351	47528					4	5		7					2		4	5		7	8	
352	42412			2		④							1	②		④					

从上面的排列三、排列五号码分布表中可以看到，如果只单看排列三分布表，很多时候是看不到斜 3 连走势的。但是，当我们对照排列五号码分布表后，就能发现有潜在的斜 3 连走势正在形成。比如，从排列五号码分布表中，很明显能看出 336~338 期有斜 3 连 2-3-4 走势形成，而从排列三号码分布表中就看不出这一走势；又如，从排列五号码分布表中的图形，可以很明确地判断 340 期数字 4 是金胆，而只看排列三号码分布表就没有那么明显。

三十、如何判断下期是否开出连号

连号是指奖号中包含有相连的数字，即两个号码的差值为 1。连号包括半连（俗称半顺）和全连（俗称拖拉机）。

选三型玩法彩票中直选号码总计一共有 1000 注，其中含有连号的直选号码有 480 注，因而连号的理论中出概率应为 48%，那么我们就可以依据连号的理论概率，运用博彩公式计算并制作出连号遗漏值与中奖概率的关系图表。如表 3-22 所示。

表 3-22 连号遗漏值与连号中出概率对照

连号中出概率（%）	连号遗漏值（期）
85	2.9
90	3.5
95	5
99	7
99.9	11

从表 3-22 可知，如果开奖号码中连续 4 期没有出现连号组合，那么当期连号的出现概率已经超过 90%，就应该开始关注连号的出现；如果开奖号码中连续 7 期没有出现连号组合的话，这时连号的出现概率已达 99%，应对连号组合的出现进行重点关注。

同样，在实战中如果不看好连号组合的出现，就可以排除掉 480 注直选号码，我们可以把省下来的资金用于投注其他类型号码。

三十一、热码短期跟踪投注策略

表 3-23 热号重复

期号	号码	中奖号码分布									
		0	1	2	3	4	5	6	7	8	9
307	586						5	6		8	
308	126		1	2				6			
309	225			2			5				
310	794					4			7		9
311	841		1			4				8	
312	664					4		6			
313	314		1		3	4					
314	235			2	3		5				
315	497					4			7		9
316	214		1	2		4					
317	886							6		8	
318	142		1	2		4					
319	419		1			4					9
320	349				3	4					9
321	606	0						6			
322	271		1	2					7		

　　我们把 7 天（一周）内出现 3 次或 3 次以上的号码称为热码。如表 3-23 所示，310~312 期，接连 3 期出现号码"4"，说明当前号码"4"为热码，那么从 313 期开始我们可以有目的地连续跟踪 3~5 期，果然，313 期、315 期、316 期的奖号中又出现了号码"4"；又如，从 308~313 期的 7 期之内，接连出现 3 次号码"1"，说明号码"1"短期内为热码，我们可以连续跟踪 3~5 期，果然，316 期、318 期的开奖号码中又出现了号码"1"。

三十二、用排序 3 号码中数区惯性走势特征锁定出号范围

表 3-24　排序 3 号码走势

期号	奖号	排序 3 号码	大数	中数	小数	备注
307	586	8	大数	13	38	
308	126	6	1	中数	39	排序 3 号码 308~309 期在中数区惯性走势
309	225	5	2	中数	40	
310	794	9	大数	1	41	
311	841	8	大数	2	42	
312	664	6	1	中数	43	排序 3 号码 312~314 期在中数区惯性走势
313	314	4	2	中数	44	
314	235	5	3	中数	45	
315	497	9	大数	1	46	
316	214	4	1	中数	47	
317	886	8	大数	1	48	
318	142	4	1	中数	49	
319	419	9	大数	1	50	
320	349	9	大数	2	51	
321	606	6	1	中数	52	
322	271	7	大数	1	53	

　　由于排序 3 号码在中数区具有一定的惯性走势特征，这就给我们精准选择或排除投注号码范围创造了绝佳的战机。因为中数区号码范围是 3~6（3、4、5、6），当排序 3 号码进入中数区惯性时，可以把大数号码 7~9 排除掉，我们此时只要把 7 码（0123456）全包进行投注，就一定能够中得奖号，所以有经验的技术型彩民一般是不会放过这种机会的。

三十三、捕捉跨度 A—B—C—B—(A) 出号形式

捕捉跨度值如表 3-25 所示。

表 3-25　排列三跨度值走势

期号	奖号	跨度	和值
012	059	9	14
013	039	9	12
014	428	6	14
015	686	2	20
016	796	3	22
017	897	2	24
018	397	6	19
019	844	4	16
020	526	4	13

从表 3-25 表中我们看到，014~017 期分别开出了跨度 6、2、3、2，形成 A—B—C—B 的跨度走势形式，那么建议在接下来 1~6 期关注跨度 "6" 的出现，结果，017 期的下一期 018 期就开出了跨度 6，符合 A—B—C—B—(A) 的跨度出号形式。

三十四、利用和尾对照公式定下期和尾

和尾对照公式如下：

05——014569；

16——012567；

27——123678；

38——234789；

49——034589。

此方法是用上期和尾通过查找和尾对照公式，找到相对应的六尾作为下期和

尾。其原理是在本期和尾的基础上，加上左右两尾共三尾，以及本期和尾对应数的左右两尾共三尾，加起来一共六尾作为下期和尾。

例如，080 期开奖号码 188，和尾 7，则下期和尾定位为 123678，081 期开奖号码 210，和尾 3，正确。

表 3-26　和尾走势

期号	奖号	和值	和尾
080	188	17	7
081	210	3	3
082	553	13	3
083	564	15	5
084	836	17	7
085	722	11	1

三十五、捕捉和值尾 A—B—B—(A) 出号形式

和值尾走势出现 A—B—B 形式时，我们就要连跟 1~6 期，捕捉和尾（A）的出现。

（1）捕捉和尾如表 3-27 所示。

表 3-27　排列三和尾走势

期号	奖号	和值	和尾
080	188	17	7
081	210	3	3
082	553	13	3
083	564	15	5
084	836	17	7
085	722	11	1

从上面的排列三和尾走势表中我们看到，080~082 期分别开出了和尾 7、3、3，形成 A—B—B 的和尾走势形式，那么接下来我们就应该跟踪 1~6 期，捕捉和尾走势形式 7—3—3—7 的出现，结果，只隔了 1 期 084 期就开出了和尾 7，符

合 A—B—B—（A）的和尾出号形式。

（2）捕捉和尾例 2。

表 3-28 3D 和尾走势

期号	奖号	和值	和尾
070	231	6	6
071	882	18	8
072	174	12	2
073	075	12	2
074	576	18	8
075	787	22	2

从上面的 3D 和尾走势表中看到，071~073 期分别开出了和尾 8、2、2，形成 A—B—B 的和尾走势形式，那么接下来我们就应该跟踪 1~6 期，捕捉和尾出号形式 8—2—2—8 的出现，结果，当期 074 期就开出了和尾 8，符合 A—B—B—（A）的和尾出号形式。

三十六、定位胆的几种选号方法

表 3-29 时时彩中奖号码

期号	奖号	备注
085	49723	
086	16303	
087	28680	
088	97812	
089	34103	
090	88575	
091	40207	
092	77994	092 期开出 4 奇 1 偶，093 期个位处可买奇，结果，093 期个位处开出奇 "9"。093 期继续是 4 奇 1 偶，说明奇号走强，094 期百位处仍可继续买奇，因此时奇数走强，奇数开出的概率很高，结果，094 期百位处开出奇数 "3"，判断正确
093	37259	
094	19341	
095	27956	

续表

期号	奖号	备注
096	11248	
097	65974	
098	65188	
099	22024	

定位胆的选号一般在时时彩中运用较多，下面是两种中奖概率较高的选号方法：

（1）当中奖号码出现 4 奇 1 偶（或 4 偶 1 奇）时，单独 1 偶的位置下期可买奇，如未中出，可继续倍投追 2~3 期，中出的概率在 80%以上。

如果连续两期都出 4 奇 1 偶，那么在出偶的位置下一期可继续买奇，因为此时奇号走强，但第三期仍出 4 奇一偶时，则下期在偶的位置可尝试转为买偶，因之前已连续三期开出 4 奇 1 偶，到了第四期奇号可能逐渐由强转弱，偶号会有所回补，如当期未中出，可跟买 1~2 期。这时正是我们盈利的好时机，一定不要错过。任何号码，不论是奇号还是偶号，走强之后必会转弱，我们要抓住这一特征，适时出击，可根据自身的能力，适当加以倍投，以获取更多的收益。

（2）当某一位置（万位、千位、百位、十位、个位）已经连续 4 期出奇（或偶）时，下一期可买偶，如未中出，可继续倍投追买 3~6 期，一般中出的概率在 80%以上。倍投应根据自身的资金情况，量力而行，适可而止。

三十七、后三不定位双胆的方法

这个确定双胆的方法就是当后三开出连号时，在之后的 5 期之内把这个连号作为双胆码进行跟踪，一般在 5 期之内都会中出，这种后三不定位双胆的方法简单实用，命中率还是很高的。例如，085 期后三开出连号 723，那么接下来的几期可把 "23" 作为后三双胆，结果，086 期后三就击中了胆码 "3"；又如，088 期后三开出连号 812，我们可把 "12" 作为之后 5 期内的后三双胆，结果，089 期后三开出号码 103，击中了胆码 "1"。

表 3-30　开奖号码

期号	奖号	备注
085	49723	085 期后三开出连号 723
086	16303	086 期后三击中了胆码 "3"
087	28680	
088	97812	088 期后三开出连号 812
089	34103	089 期后三开出号码 103，击中了胆码 "1"
090	88575	

前三不定位双胆的选择方法同后三不定位双胆的方法基本相似。

另外，如果后三或前三开出全大（56789）、全小（01234）、全单（13579）、全双（02468），即当后三开出 5 位数中的任何 3 位数，则之后 5 期之内可用另外的两个数作为双胆，其中奖的概率也是很高的。

三十八、奇偶追号法

奇偶追号法这种方法较适用于投注时时彩 "二星" 玩法。这种玩法只需在个位和十位上选号投注，"二星" 的奇偶形态一般只有 4 种，即全奇、全偶、奇偶、偶奇，相比投注 "三星"、"四星" 和 "五星" 更容易把握中奖的机会。从理论上讲，每开奖 4 次，便会中出一种形态，因此，只要看准一种形态，适时介入进行投注，一般在七八期内都会中出。在选择号码时，应该在第 4 次未开出后介入，这样的话中奖的把握性更大。

三十九、福彩 3D 公式法预测下期胆码

以下是一些彩民们常用的福彩 3D 胆码预测公式，有一定的中奖率，仅供参考。

（1）上期百位号码乘以 4+上期十位号码乘以 9+上期个位号码乘以 9，在这个和的基础上再加 3，然后除以 10，所得的余数就可以作为下一期的胆码。即（百位×4+十位×9+个位×9+3）/10。

（2）开奖号码减去 123 取绝对值作为胆码。

（3）用奖号乘以 0.618，得数取整数位作为胆码。

（4）用奖号乘以 0.314，得数取整数位作为胆码。

（5）用奖号除以（奖号和值+奖号个位），得数取整数位作为胆码。

（6）把前 2 期奖号相加除 2，取整数位作为胆码。

（7）把前 4 期奖号相加除 4，得数取整数位作为胆码。

（8）当期期号之尾号乘 3 作为胆码。

（9）用前 1 期的试机号+开奖号（相加不进位）=ABC 三个数。当天开出的号通常有 A、B、C 中的一到两个。例如，019 期试机号 772，开奖号 606。772+606=378（注意：相加不进位）020 期开出 893，击中胆码 3 和 8。

（10）把前 3 期的开奖号相加后除 3（取整数）作为胆码。例如，018 期、019 期、020 期的开奖号码分别是：315、606、893。315+606+893=1814÷3=604（046 取作胆码），021 期开奖号为 854，击中胆码 4。

（11）当重码走热时，一周天天拿重码作为胆码。

（12）用福彩 3D 试机号定胆。多数情况下，在开出的中奖号码中会出现 1 个或 2 个试机号中所包含的号码，在福彩 3D 全部开奖中，试机号与中奖号重复 1 个以上数字的情况占了 70%以上，因此彩民们可以根据这一特点，从试机号中选择 1 个心水号作为当期的胆码。

（13）用试机号最小号减最大号差的绝对值作为胆码；或用试机号最小号减最大号再减 3 得数的绝对值作为胆码。

（14）用上期和值分别减上期奖号百十个位号码，所得 3 个数为下期胆。如得数是 10 以上 2 位数，就将此 2 位数拆分相加，如得数是 17，就取 1+7=8。举例：020 期开奖号为 893，和值 20，分别减奖号百十个位号码后，得 12、11、17 三个数，然后把这三个数拆分相加得到：12→1+2=3；11→1+1=2；17→1+7=8，即 3、2、8 为下期胆码，结果，021 期开奖号码是 854，包含号码"8"，正确。

（15）用当期试机号除 3，得数取整数为胆。例如，016 期的试机号为 832，832÷3=277（取整数为胆），结果 017 期开奖号码为 817，包含胆码"7"，正确。

（16）用上期开奖号除以（和值+个位号码）=胆码（取前三位数）。例如，

016 期开奖号为 469，和值 19，469÷(19+9)=16.75（取前三位数，即取 1、6、7 三数为胆）。结果，017 期开奖号码是 817，包含胆码"1"和"7"，正确。

（17）用当期试机号除以 3.14，取整数为胆。例如，015 期试机号是 460，460÷3.14=146（取整数）。结果，016 期开奖号码是 469，其中包含胆码"4"和"6"，正确。

第四章　选三型彩票常用投注方式

对于彩民朋友们来说，特别是技术型的彩民，当你在购彩时，所要掌握的绝不仅仅是选号的技巧，选号技巧虽然重要，更多的是彩票投注技巧及投注策略，一个好的投注技巧是保证能否盈利的前提。选三型彩票目前的投注方法有许多种，可根据当前不同的走势，采用不同的投注思路，进而选择适合的投注方法，最后达到中奖目的。

以下是选三型彩票的一些常见投注方式与投注技巧。

第一节　组选投注方式

一、两码组选投注

如果看好当期有 2 个号码会开出，但确定不了开出的位置，也无法确定第 3 个开奖号码，我们不妨将它们的全部组合包下来，即"两码组选全包"投注。比如，当期看好"0、6"两码会开出，则可把包含"0、6"两码的组选组合"060、061、062、063、064、065、066、067、068、069"一共 10 注号码全部包下进行投注。这种投注的特点是，只要开奖前能精准地确定当期必出的两码，接下来，就是把包含两码的 10 注号码全包购买，那么，奖金基本上就可稳稳地收入囊中。

两码组选组合全包投注方式一共是 10 注组选号码，需投入 20 元，如中得组六可收入 173 元，盈利 153 元；如中得组三可收入 346 元，盈利 326 元。

二、六连号组合组选复式投注

六连号是把六个相连的数组合在一起，即 012345、123456、234567、345678、456789、567890、678901、789012、890123、901234 一共有 10 种组合。我们可以根据号码走势，选择相对应的六连号组合，例如，如能确定下期将会开出连号，并且奖号是两大一小或两小一大，那么就可选择六连号 789012；又如，当期看好开奖号码在小数区，且有连号发生，我们可以选择 012345；再如，看好当期会出现连号，且奖号在中数区，那么我们就选择 234567。

三、组选复式 N 码投注

彩民朋友们一般喜欢使用 7 码、6 码、5 码、4 码来进行组选复式投注，复式 N 码倍投在购彩中运用广泛，该方法的优点在于，杀掉数个号码后进行投注，简单易行，中奖成功率高。无论是组六还是组三复式投注，一般以 4~7 个复式号码为宜，实际操作中，可根据走势及条件通杀掉出号率比较低的 3 个号，然后对 7 码进行几倍倍投；接着再根据条件杀 1 个号，剩下 6 码倍投；最后结合大小、奇偶、和尾等指标，倍投 5 码和 4 码。只要 4 码命中，5 码、6 码、7 码将通通中奖，就算 4 码有误差，还有 6 码、7 码，只要胆码包含在 7 码里就能确保当期投入基本不亏。此方法对杀号和定胆上的要求比较高，其中，五码组六复式包号投注，投入小，回报高，按最低净收益率做投注计划，8 期之内中奖也还有收获。

表 4-1　复式投注号码个数与投入资金对照

复式投注号码个数	复式组选六投注金额（元）	复式组选三投注金额（元）
4 码	8	24
5 码	20	40
6 码	40	60
7 码	70	84

四、黄金6码组合组选复式投注

黄金6码组合所选的6个号码是：0、3、6、9、2、5。那么，为什么要选这6个号作为黄金6码呢？

（1）在012路中，0路不仅是最多的数字，也是出现频率最高的数字。

（2）质数2、3、5、7在数字组合中占有十分重要的位置，4个质数中，2、3、5出现频率最高。

（3）质数和0路数字间的亲缘关系最为密切，数字组合是最为常见的。如26、29、02、05、35、65等。因此，可以把这6个号码称为精品码。

（4）大小搭配均匀，6个号码当中，大数有3个：5、6、9；小数有3个：0、2、3。

（5）奇偶比例适中，6个号码当中，有3个奇数：3、5、9；3个偶数：0、2、6。

（6）这6个号码的出现频率高，间隔期数短，投入产出比较适中，购买6码组选六只需40元，比7码少花30元，购买6码组选三只需60元，比7码少投入24元。

因此，0、3、6、9、2、5这6码是3大3小、3奇3偶、3质3合。分布均匀，搭配合理，所以我们称之为黄金6码组合。

表4-2　复式投注号码个数与投入资金对照

复式投注号码个数	复式组选六投注金额（元）	复式组选三投注金额（元）
4码	8	24
5码	20	40
6码	40	60
7码	70	84
8码	112	112

注：9码、10码的复式投注成本已大于中奖金额，因此9码、10码的投注不具有实际意义。

五、精选组合排列法投注

根据开奖号码走势，从 0~9 这 10 个号码中精心选择认为在近期将要出现的 6 个号码，用这 6 个号码分别进行组合排列，除去组选三组合类型，将剩余的组选六组合进行组选和直选投注，如若当期未中出，下一次仍用此方法，并适当地加倍投注，直至中出。这种方式进行投注需注意的是：①在投注之前找准进入时期，即对所选的 6 个号码要有一定把握时才进行投注，不一定每期都买，可看准时机再下手跟进；②加倍投注时要根据自己的资金情况量力而行。

六、特殊号码投注方式

特殊号码投注是指利用本人或家人的生日日期、结婚日期、身份证号、车牌号码、门牌号、公交线路号、手机号、微信号、QQ 号等幸运号码，作为彩票的投注号码。采用特殊号码投注，不仅便于记忆，而且更有意义的是在中奖的同时能感受到平淡生活带来的乐趣和人情味。

七、利用高概率和值点位进行投注

和值从 0~27 共有 28 个点位，其中间和值点是 13 和 14，理论上这两个和值点中奖次数最多，而在实际开奖中出现概率最大的和值就是 13 和 14，这两个点位每一个点都有 75 注直选号码，占了总号码的 7.5%。有部分彩民朋友们只关注这两个和值点位，平常观察号码走势，感觉这两个点位可能开出的时候进行全包，其他的时候不购彩，这样既提高了中奖率，也节省了时间。

八、优先用组选方式投注

组选投注在选三型彩票玩法中有相当重要的地位，尽管组选号码的单注奖金不是很高，但由于可进行倍投，所以每期总有人中一万元至十几万元、几十万元不等的奖金，并且每期组选中奖注数都比单选中奖注数要多，这充分说明组选的中奖概率要高于单选。理论上讲，组选六号码的中奖概率是单选号码的 6 倍，组选三的中奖率是单选号码的 3 倍，因此说，组选六、组选三号码具有比单选中奖率高的优势。虽然组选六、组选三的奖金相对少些，但我们可以采取倍投的策略，适当地进行倍投可有效地增加收入，彩民们如能对组选有充分的认识，提升自身对组选号码的选号技巧能力，相信会从组选投注中收获丰厚。

选三型彩票组选出号分为两种：一种为组选三，另一种为组选六。组选六的理论中奖概率为 66%，大大高于组选三中奖概率，因此彩民不妨将重点放在组选六上面。选三型彩票每期开出 3 个数字，略有经验的彩民根据前几期的出号走势情况选对 1 个胆码还是比较容易的，而包含这 1 个胆码的组选六号码仅为 36 个，彩民们完全可以将这 36 个号码全部买入，共需投入资金 72 元。

比如：根据观察近期出号情况，号码"3"正在进入走热态势，当期我们就可以把包含号码"3"的 36 个组六号码全包购买，如果判断正确，我们将中得该期的组选六奖金 173 元；反之，如果运气不好，当期没有出现"3"这个数字，我们可以利用倍投的方法下期投入 144 元继续投注，以此类推。一般情况下，我们所选数字在 5 期内可能出现，虽然收益不会很高，但较为稳定。此方法风险较小，所需资金量不大，适合对组选号码感兴趣的彩民们购买。

九、组选三 6 码投注及组三全包投注法

彩民们可根据近期走势图杀掉 4 个你认为出号概率最低的号码，剩下的 6 个号码进行 6 码组选三全包投注，6 码组选三投注一共是 30 注号码，需投入资金 60 元，若中奖可得收入 346 元，获净利 286 元。如果你的杀号成功率比较高，还可对选定的组选三号码进行多倍投注，以便获取更加丰厚的奖金。

选三型彩票中，组选三号码一共有 90 注，如全包投注需要 180 元，中奖可得 346 元，获净收益 166 元。若将这 90 注组选三号码全部采用单选方式进行投注，因为每个组选号可分解成 3 注单选，所以，90×3＝270 注，组选三单选全包购买需投入金额为 540 元，如中奖可得奖金 1040 元，获净收益 500 元。由此可知，当你认为当期开奖号码为组选三时，就可将组选三号码全包下来进行投注，

如能配合跨度、和尾、和值进行筛选，可进一步缩小号码投注范围，降低成本，增加收入。

十、冷号 30 期选号方法投注

冷号一直以来也是备受彩民们所关注，但何时介入是个问题，过早被套牢，一直观望没及时跟进又中出。多数彩民跟冷时习惯参照最大遗漏值，最大遗漏值是重要指标，但并非每个号码进入冷态后都要直奔最大遗漏值，分析历史数据可以发现，凡是超过 20 期的冷号，有 85% 的号码会在 30 期以前中出，其余的 15% 会超过 30 期，只有很少的号码会超过最大遗漏值。因此，彩民们可充分利用这一点，在看走势图时，可对间隔 20~30 期的冷号大胆选择，及时倍投跟进。

十一、中段区域和值全包投注

在 3D 和值分布表中，处于最中间区段的和值包括：12、13、14、15，这 4 个和值出现的概率是最大的，一般情况下，如果 7~8 期这 4 个和值没有出现，就可以大胆跟进投注这 4 个和值，采用全包购买，如果没有中奖，继续进行倍投，直至中出为止。

十二、独胆组选全包投注方式

正常情况下，技术型彩民一般选中 1 个数字作为胆码的成功率还是比较高的，胆码选好后可进行组选六或组选三号码的全包投注。一码的组选六号码全包一共是 36 注，需投入 72 元，如果中奖可得收入 173 元，净收益 101 元；如果当期未中奖，下期可加倍进行倍投，直至中奖为止。一码的组选三号码全包一共只有 18 注，需投入资金 36 元，如果中奖可得收入 346 元，净收益 310 元。

十三、"大复式 + 小复式"组选或直选投注方式

"大复式 + 小复式"组选或直选投注方式，是一种比较好的全覆盖的组合投注方式，但它的前提条件是要一定量的资金做保障，许多技术型彩民们常采用此种投注方法，而且中奖的事实也不乏其例。

通过杀号杀掉 2~3 号码后，先买几注大复式后，再进一步缩小号码范围进行小复式投注，最后对当期比较看好的号码，直接买组选或直选。如果判断正确的话，将会收获多重中奖，即在中得大复式的同时又中得小复式，有可能还会收获组选及直选奖，这是一种能产生比较好的综合收益的组合投注方式。

复式投注选号要灵活，每个人玩彩都会有一套自己的投注思路，对于一些人来说，选定的复式组合不想随意改变，而恰恰就是这种不灵活的投注原则可能使你远离奖号。在复式组合选号时要考虑到近期走势特征的特点，灵活运用重码、对望码、斜三连、邻码等，同时把握好近期热号冷号的出现节奏，依据当期号码的实际走势情况及时调整复式投注的号码组合。当购彩灵感旺盛时就要大胆地"承包"号码，当购彩灵感疲倦时就适当地减少投注金额，总之要使自己有限的资金发挥最大的作用。

十四、组选复式投注方式

玩福彩 3D 和排列三，选择组选复式投注方式，投入资金适当，覆盖面广，中奖概率能大幅度提高，还极大地节约了购彩者的写号时间，所以受到越来越多彩民朋友们的喜爱。如果选号恰当，并加以适当的倍投，可以带来丰厚的回报。组选复式投注，经常采用的有 6 码复式，5 码复式和 4 码复式，其中 6 码复式是投入产出比较高效的一种，因而 6 码复式深受彩民朋友们的青睐。组六 6 码复式一共是 20 注号码，投入 40 元，如中奖收入 173 元，盈利 133 元。

使用组选复式投注时需要注意以下两点：

（1）随机应变，不必死守固定不变的投注号码组合。复式投注不必守株待兔，可依据近期号码走势调整投注方向，随机应变地进行选号。可在投注方案中

设定几个号码常守不变，随时用其余号码与它们组成新的投注组合。不变与应变相结合，提高成功率。

（2）小复式多方案，量力而行进行投注。选择组选小复式投注时，购彩投注者可同时设定多组小复式方案进行投注，这样既能根据自身情况选择投注力度，又能在节约资金的情况下，充分有效地保证了选取号码的整体覆盖面。

以下是 4~7 码组选复式投注的投入产出情况：

组选六 4 码复式：投入 8 元，中奖收入 173 元，盈利 165 元。

组选六 5 码复式：投入 20 元，中奖收入 173 元，盈利 153 元。

组选六 6 码复式：投入 40 元，中奖收入 173 元，盈利 133 元。

组选六 7 码复式：投入 70 元，中奖收入 173 元，盈利 103 元。

十五、组选单胆 9 拖投注方式

在 0~9 共 10 个号码中，选定一个号码作为胆码，剩下的 9 个号码作为拖码，只要中奖号码中开出了胆码，就会中到奖号。如果只买组选六一共是 36 注号码，需投入 72 元，买组选三是 18 注需 36 元，豹子号 1 注 2 元，全包需 110 元。如果开出组选六收入 173 元，盈利 63 元；如开出组选三收入 346 元，盈利 236 元；如开出豹子号可收入 1040 元，盈利 930 元。这种方法的优点是选号简单，对于经常购彩的老彩民来说，只要看准 1 个当期必出的"胆码"，采用此法就可以中奖。

十六、巧用三区胆码配拖码投注组选六号码

复式法投注排列三组选六的奖金虽然相对少一些，但能够确保中奖率，下面是一种复式投注小技巧，可供彩民朋友们参考使用。

排列三是由数字 0~9 组成，我们可以将这 10 个数字分为"小、中、大"，（小 = 012，中 = 3456，大 = 789）三组，分别用 ABC 标注，即小→A、中→B、大→C，其中 A 组（012）和 C 组（789）各包含三个号码，B 组（3456）包含四个号码，采用搭配组合的方式对这三组号码进行复式组合，可以组成下面两种优

选复式组合投注方式：

（1）定 A 组为胆码，BC 组为拖码。选 A 组为胆码，BC 组为拖码，可组成 7 组 4 码小复式（0123、0124、0125、0126、0127、0128、0129），如果判断当期在 A 区会开出 2 个号码，则可选用该小复式投注方式。

（2）定 C 组为胆码，AB 组为拖码。选 C 组为胆码，AB 组为拖码，也可组成 7 组 4 码小复式（7893、7894、7895、7896、7890、7891、7892）。如果判断当期在 C 区会开出 2 个号码，则可选用该小复式投注方式（0123、0124、0125、0126、0127、0128、0129）。此种小复式投注方法如全部购买只需投入 56 元，如中奖可得净收益 117 元。这种小复式投注方法在定组选号时，观察 AC 其中某一组的号码有走热迹象时，就可以适时选用 AC 两组中的其中一组，然后进行复式组合投注。

十七、单胆全包组选六投注方式

排列三投注，分单选、组选六和组选三，要论中奖率，组选六的中奖率相对较高。因此，组选六号码是彩民朋友们在购彩时的首选，那么如何才能轻松搞定组选六号码呢？

选三型彩票的组选分为两种形态：组选六和组选三，组选六号码占全部投注号码的 72%，组选三号码占所有号码的 27%，因此组选六号码的中出概率是组选三的 2 倍多。所以，大家在购彩时一般先对组选选六号码进行重点投注，然后才考虑买直选号码。

组选六开奖号码的三个数字是不同的，没有重复码。在实战中有经验的技术型彩民，可以从前几期的号码走势分布表中轻松挑选出一个号码，作为本期的胆码。如果对一胆组选六号码进行全包，需投入 72 元，中奖可得收入 173 元，盈利 101 元。

如果一期没有中出，我们可以看准时机继续跟进加以 2 倍倍投。一般情况下，有经验的彩民基本上可在 3~5 期内通过独胆全包搞定组选六号码。虽然组选六的中奖金额稍微少一点，但投入成本不大，且风险相对较小，长期投入还是较为稳定的。

十八、邻码五码组合复式投注

例如，上期号码为 837，先从这三个号码的两边找邻码，可以得到 79/24/68，然后得到这样一组号码 246789，在实战中，一般来说，依照邻码得出的号码总数可能少于、等于或多于 5 个号码，其号码采用方法如下：

（1）当号码总数少于 5 个号码时，则号码前面加 1。比如，依照邻码得出的号码为 4679，前面加 1 后就组成五码 14679。

（2）当号码总数等于 5 个号码时，按照大小顺序去掉倒数第二个号码，另外在前面加号码 1。如号码里面含有 1，则按现有号码大小排列上加上 1 个数。例如，得出的号码是 01256，去掉倒数第二个号码 5，按大小顺序只能在号码 2 后面加上 1 位数 "3"，这样就形成五码组合 01236。

（3）号码若多于 5 个，就去掉最后一个数。如上面举例的号码 837，依据邻码得到这样一组 6 个号码 246789，去掉最后一个号码 9，最后得到的五码组合为 24678。

无论是组选三还是组选六复式投注，一般以 4~6 个复式号码为宜，而 5 码复式是最为适中的复式组合，其优点在于就算一期没有中奖，只要 8 期之内中奖也还有收获。用上述方法得出的五码复式组合，可用于组选六和组选三的全包投注，其中奖回报率还是比较高的。

十九、定一码的组选三组合投注法

在实战中，一般定两码的组选组合投注，其投入产出比是比较高效的。但是，如果能判断当期将开出组三又可定一胆码的话，其组合的费效比也是比较好的选择。定一码的组选三组合需投入 36 元，如中奖可得收入 346 元；而组选六的情况下则需投入 72 元，中奖可得奖金 173 元。因此，定一码的组选三组合投注相比较组选六来说要划算得多。

二十、利用斜 3 连号码特征进行投注

斜 3 连是选三型彩票号码走势中很常见的一种号码组合特征，斜 3 连一般隔几天就会出现一次，也有时会连续出现。斜 3 连有直斜 3 连，如 123、456、678 等；还有跳斜 3 连，如 579、024、753、864、048 等。在实战中，如能够准确地判断出斜 3 连的表现时机，那么便可以轻松锁定胆码。

二十一、组选六胆 2 拖 4 法投注

依据号码走势情况判断，从 0~9 这 10 个号码中杀掉 2 个号码，再从剩余的 8 个号码中精心挑选出 2 个号码作为当期的胆码，然后用这 2 个胆码分别与其余号码进行组合，组合成两组 6 码的复式组合进行组选六投注。每组 6 个号需投入 40 元，两组共需 80 元，如一组中奖得奖金 173 元，两组同时中奖则可获利 346 元。

这种投注方式类似于足彩的投注，先用追热保温的原则选择 4 个号码与 2 个胆码组合进行投注，然后再用追热守冷的原则选择 4 个号码与 2 个胆码进行复式组合投注。换句话说，也就是将数字型玩法变成了 8 选 6 的乐透型玩法，用包 8 个号码来互补组合进行购买。

采用这种方式投注容易中奖，而且还有机会出现两张彩票同时中奖的可能，如果再适当地运用加倍倍投，取得的回报会更高。

二十二、号码形态选号投注

排列三开奖号码是由大小、单双形态组成的，分别一共有八种形态，即小小小、小小大、小大小、大小小、大小大、大大小、小大大、大大大；单双形态有双双双、双双单、双单双、单双双、单单单、单单双、单双单、双单单。理论上每种形态 8 期开出一次，实战中还要根据走势适当调整，一般情况下当某种形态已有 3~5 期未开出时，可适时跟进。彩民朋友们还可以通过选择两种不同组合进

行投注，如选择大小小和双单单组合进行搭配投注。

二十三、组选复合式 6、5 和复合式 5、5 分散投注法

运用分散投注法可以将有限的资金对不同类型的组选号码进行复式组合投注，分散购买不同的组选三、组选六号码，使中奖的概率最大化，起到"东方不亮西方亮"的作用。

组选复合式投注，比较高效合理的有下面两种：

（1）组选复合式 6、5 投注，就是以组选三和组选六号码为投注对象，分别选择 6 个（组三或组六）和 5 个（组三或组六）号码进行搭配复合投注。例如，看好当期开奖号码会出现在中数区，可选择组三号码 23456 和组六号码 234567，组成组三、组六复合式投注。

（2）组选复合式 5、5 投注，例如，当大大大、小小小、单单单、双双双四种冷门形态号码阶段性未开出时，可对 56789、01234、13579、02468 进行组选复合式 5、5 投注；又如，234567 和 789012 这两组包含从小到大和从大到小的跨区号码中奖率较高，当组选三号码连续开出后，可对这两组号码使用复合式 5、5 投注法进行投注。据统计，组选三较易开出的组合号码为 013568 和 024579，这两组号码基本囊括了大小搭配的三奇三偶，对各种组三形态的号码基本奏效。

组选复合式投注是一种"广撒网，多捕鱼"的方法，彩民朋友们在进行组选复合式投注时，可以用组选三 1 倍、组选六 2 倍的投注策略，以便获取均等中奖收益。

二十四、组选三复式包号投注法

组选三号码占全部投注号码的 27%，从理论上讲平均 3~4 期左右就会开出一次。当超出理论值连续多期未开出组选三号码时，可及时跟进看准时机投注组选三号码。如果看准一个"胆码"，可进行一胆组 3 复式包号投注，组选三全包一共 18 注，需投入 36 元。这种投注方式就是通过分析近期开奖号码，选定一个

"胆码"，采用胆拖组选方式投注，只要开奖号码中有"胆码"出现，即可中奖。

第二节　直选投注方式

一、直选单盯倍投投注方式

如果彩民朋友们看好某一注号码或几注号码，就可以对这些号码进行多倍投注，以便获得更多的盈利。如何用最少的投入换取最大的回报，是彩民梦寐以求最为关心的。当走势极度对称，几种指标交替吻合，自我灵感倍显强烈之时，用直选单盯倍投出击，同时配合单选再购买一定数量的组选号码，既突出了重点，又可以面面俱到，此法是技术型、激进型彩民们中取大奖的惯用手法。

二、直选复式投注方式（或称位选复式投注方式）

分别在百位、十位、个位上选出几个自己认为有把握的号码，然后对这些号码组合进行直选复式投注。如百位选择 N 个号码，十位选择 N1 个号码，个位选择 N2 个号码，组合后总的投注数为：$N \times N1 \times N2$，总投注金额为：$2 \times N \times N1 \times N2$。比如：百位选 3 个号码、十位选 3 个号码、个位选 2 个号码进行直选复式投注，组合后一共是 18 注，需投入资金 36 元，直选复式投注也可进行多倍倍投。

直选复式投注是在百、十、个 3 个位置上，至少有 1 个位置上挑选的号码大于 2 个的组合。比如，百位选 2，十位挑选 6，个位挑选 39，即 2/6/39，就构成了一个最小的直选复式组合，一共是 2 注直选号码，只需投入 4 元。直选复式投注需要的资金是将 3 个位置上选取的号码数量相乘后再乘以 2，例如，百位 67，十位 034，个位 5679，即 67/034/5679，那么需要的投注资金就是 $(2 \times 3 \times 4) \times 2 = 48$ 元。这是投注 1 倍所需的资金，若中奖可得直选奖金 1040 元。如果在两个位置上面都只挑选 1 个号码，而剩下另一位置上可以将 0~9 这 10 个号码全包购买，此种直选复式投注法俗称为"定二包一",其优点是省钱高效,但关键要先选对两个胆码。

三、单选独胆 9 拖投注方式

我们先从 0~9 这 10 个数字中选择 1 个号码作为胆码,然后把其余的号码作为拖码,对组合后所有包含胆码且三位数字各不相同的号码进行单选投注,一共可组成组选六号码 36 注,转变为单选号码是 216 注,需投入资金 432 元,如中奖可收入 1040 元,获利 608 元,这是组选六的单选独胆 9 拖;然后再从 0~9 这 10 个数字中选择 1 个号码作为胆码,把其余的号码作为拖码,对组合后所有包含胆码并且只有两位数字相同的号码进行单选投注,一共可组成组选三号码 18 注,转变为单选号码是 54 注,需投入资金 108 元,如中奖可收入 1040 元,获利 932 元,这是组选三的单选独胆 9 拖。彩民朋友们只要能看准一个胆码,并确定当期开出的号码类型,是组选六还是组选三,都可以中奖。

四、单式直选投注方式

单式直选就是通过分析判断,选定一个三位数直接购买直选进行投注。

五、和值直选投注方式

排列三的和值有效投注范围为 0~27,共 28 个和值投注点位。如果通过分析判断,能够确定当期奖号的和值点,就可以把这个和值包含的所有号码进行全包投注,进而对这个和值点进行和值直选投注。为了减少风险和资金压力,可先组选投注几期后改为直选,既可节省资金又可以达到盈利目的。

六、胆拖过滤投注方式

先从百位、十位、个位三个位置中选定 1 个位置并确定这个位置的胆码,然后其他 2 个位置可利用不同的杀号方法杀掉一些号码，减少号码总数，以降低资金投入。

七、5×5×5 直选复式投注方式

5×5×5 直选复式，即在百位、十位、个位每个位置上选择 5 个自己比较看好的号码，然后对这些号码组合进行直选复式投注，组合后的号码一共是 125 注，需投入资金 250 元，如中奖可收入 1040 元，盈利 790 元。

八、定位独胆包 2 直选复式投注方式

定位独胆包 2 直选复式投注，又称为定 1 包 2，即在百位、十位、个位中某 1 个位置选定一个胆码，然后对其他两个位置的号码进行全包的投注方式，只要胆码开出，就可中得直选奖。此投注方式需投入资金 200 元。

九、定位双胆直选复式投注方式

定位双胆直选复式投注，即在百位、十位、个位三个位置上选定两个位置，并确定这两个位置上的胆码，然后对剩下的一个位置的号码全包的复式投注方式，此投注方式需投入资金 20 元，如中奖可收入 1040 元，盈利 1020 元。

十、排三、排五连环倍投法

先对比较看好的排三单选号码进行 N 倍投注后，再对包括后 2 码排五的号码进行几倍投注，后 2 码可采用直选复式定位，也可对后 2 码进行全包，这种排三、排五连环倍投的方法已成为彩民们玩彩投注的经典手笔。

"广撒网，多捕鱼"，相信彩民朋友们都懂得这个道理。复式投注的优点就是复式覆盖面广，能够网住大奖，有着比单式投注更高的中奖率，排列三的直选定位复式便是彩民朋友们用得很多的一种投注方法，现在众多的彩民们也将这种方

法用到了购买排列五上，此手法是一种技术含量较高的中奖方式。

十一、用组选号码转换成单选号码

由于单选的中奖金额高，诱惑力比较大，使一部分彩民朋友们热衷于玩单选。在实战中，可以对比较看好的组选号码尝试按照单选走势摆正其位置，以达到从组选号码投注转换成单选号码投注的目的。

比如，当期比较看好的组选号码是"845"，首先，分析观察百、十、个每个位置上号码"8"的近期走势，找出号码"8"在三个位置上哪个位置出现过冷，那么这个位置就不要放置号码"8"。其次，观察三个位置的奇偶比的偏态现象，也就是在一个位置上出现的奇数和偶数的比例，如果在百位上近期出现的奇数次数过多，那么百位就不要放置奇数号码"5"。最后，分析某一位置的大小走势规律，比如，百位的走势是从1到3，3到4，4到9的从小到大的上升走势，那么就可以判断下期百位走势是朝着从大到小的下降走势。在8、4、5这3个号码当中，如发现其中一个号码在某一位置上走势过热，同样可以排除此号码继续在这个位置上出现。

总之，通过分析百、十、个三个位置的冷热现象、奇偶现象、号码大小升降态势，可以有效地把看好的组选号码摆放成单选号码的号码顺序。

十二、用断路后 012 路号码组成单选复式投注

表 4-3　012 路号码类型走势

期号	号码	和值	012 路号码类型	备注
287	890	17	200 型	缺 1 路
288	430	7	100 型	缺 2 路
289	736	16	100 型	缺 2 路
290	631	10	001 型	缺 2 路
291	196	16	100 型	缺 2 路
292	240	6	210 型	不缺
293	804	12	201 型	不缺

续表

期号	号码	和值	012 路号码类型	备注
294	612	9	012 型	不缺
295	392	14	002 型	缺 1 路
296	479	20	110 型	缺 2 路
297	853	16	220 型	缺 1 路
298	733	13	100 型	缺 2 路

选三型彩票中 0~9 这 10 个号码，按除以 3 余数可分为 0 路（0、3、6、9），1 路（1、4、7），2 路（2、5、8）共 3 路号码。从上面的除以 3 余数 012 路号码类型走势中，可以观察到 012 路号码类型走势，我们看到 012 路号码类型走势有时会出现某一路断路的惯性走势，如 288~291 期是缺 2 路的惯性走势，这种走势特征在走势中比较常见，因此，如果我们通过观察能判断出下期缺哪一路号码，那么我们用剩下的两路号码组合成复式投注即可中奖。如 290 期当我们判断将开出 001 路号码类型时，那么当期将缺失 2 路号码，我们就用剩下的 0 路和 1 路号码进行单选复式组合，其单选复式组合如下：

0、3、6、9/0、3、6、9/1、4、7，需投入 96 元，如中奖可得奖金 1040 元，获净收益 944 元。在单选投注的实战中，首先制作一张百、十、个位 012 路号码走势图表是十分必要的，通过每期按位观察百、十、个位 012 路号码走势特征，就能逐步把握它们的出号节奏。当然直选投注相比组选投注难度要大很多，只有多进行实战投注演练，才能逐渐积累经验提高中奖率。

第五章　选三型彩票投注技巧与投注策略

选三型彩票虽然是小盘玩法，但是可千万别小看它，"小玩法能够成就大富翁"，这是彩市里很流行的说法。选三型彩票的职业彩民众多，特别是技术型彩民大有人在，还有这种彩票在玩法上比乐透型彩票的可预测性要高许多，技术分析的成分更大，尤其对经验丰富的技术型彩民来说，预测的准确率非常高。正是由于3D、排列三、时时彩这种小盘玩法的彩票，对开奖号码的可预测性非常高，为越来越多的彩民朋友们所看好和追捧。

事实胜于雄辩，从诸多的选三型彩票中奖故事中，我们看到大量的彩民朋友们从这种小盘玩法中获得巨大收获和回报。以下将配合实例讲解给大家介绍选三型彩票的选号方法、投注技巧和投注策略。

一、选胆码定跨度看准再倍投

2016年4月23日晚，福彩3D第16107期开出"238"的中奖号。湖南长沙一彩民许先生250倍投注此号，幸运地收获了26万元的奖金。中奖后许先生和大家分享了他如何选号、倍投的中奖过程。

许先生今年刚刚30岁。平时除了上班，晚上的休息时间几乎都用在福彩3D上。特别是每天20：30开奖后，就会立即投入下一期号码的分析研究中，5年来已成了习惯。

在领奖后许先生对记者说，其实，在判断中我也经常会出错，这次中奖的关键主要是抓对了胆码和跨度，谈到此次选号的方法，许先生介绍说，他对号码的选择一般分三步走：

第一步，先找胆。而他的找胆方法就是通过号码分布图观察出来的。在 2016106 期开出 043 以后，通过号码分布图，一般"3、4"连号开出后，其边码"2"就是一个非常明显的胆码；而且"3"走热重复开出概率极高。因此，首先把 2、3 定为胆码。

第二步，定跨度。通过近两期的跨度走势发现，一旦跨 3 跟出跨 4 后，接下来一般会跟出跨度 6 的走势，这和 2016092~2016094 期的跨度走势一模一样。因此，当时就确定了跨度为 6。

第三步，在确定了胆码 2、3，跨度为 6 的基础上，然后再观察和值尾，而通过近期和值尾的余数走势，0-0-1-1，下期的和值尾的余数一般应该是回到 0 路和值尾 0、3、6、9。而 6 和值尾太冷，9 和值尾连续开出又显得太热，那么，3 的和值尾应该刚好，那么当期和值最有可能的就是 13 了。

看准再倍投：由此，确定了胆码 2、3，那么能够配成跨度 6 的，只有 2 配 8、3 配 9。而要满足和值 13 的，也只有"238"这一注号码最合适。

而在最后确定号码的直选位置时，许先生通过百、十、个三位的余数走势，直接确定了"238"的定位，并在 4 月 23 日晚 7 点多，毫不犹豫地对"238"这注号码进行了 250 倍的投注。

结果，福彩 3D 第 16107 期开出直选奖号"238"，许先生幸运地收获了 26 万元的福彩 3D 大奖。

我们说胆码的确定是自始至终贯穿在选号过程中的灵魂，只有胆码选得准、选得精，然后再配以其他辅助指标，才能确保最后成功击中开奖号码。

我们这里强调胆码的重要性，但并不是说其他指标不重要，仅有好的胆码还不够，仍需进一步找出近期那些有"突出表现"的指标，进而和胆码配合运用，才能达到最终筛选出我们心仪的号码。

二、捕捉跨度值的出现范围进行投注

如果两期出现相同跨度值，依据再后一期的跨度值走向，可以捕捉当期跨度值出现范围。

表 5–1　跨度走势

期号	号码	和值	跨度	前两期开出相同跨度值时跨度捕捉
287	890	17	9	
288	430	7	4	288 期、289 期开出相同跨度值 4
289	736	16	4	
290	631	10	5	
291	196	16	8	前两期开出相同跨度值 4，跨度值走势为 4–4–5，应在 1~3 期内捕捉跨度 4、跨度 3
292	240	6	4	
293	804	12	8	
294	612	9	5	
295	392	14	7	
296	479	20	5	296 期、297 期开出相同跨度值 5
297	853	16	5	
298	733	13	4	
299	517	13	6	前两期开出相同跨度值 5，跨度值走势为 5–5–4，应在 1~3 期内捕捉跨度 5、跨度 6

三、包中段和值 10~17 配合跨度选号投注

排列三和值含有 0~27 共 28 个点位，每个和值点位又包含不同数量及各种形式的号码。28 个点位包含的数值呈概率学上的正态分布，趋于中间的 10~17 这 8 个点位是包含号码中出最多的和值点位，大约覆盖了一半以上的数字，从福彩开奖以来的数据看，10~17 这 8 个和值点位占到总开出记录的 60%。正因如此，在实际投注中，彩民们更多关注这 8 个点位。据走势图统计，10 期之内，和值 10~17 的号码出现的次数为 4~6 次，基本上符合数学概率的出现频率。

有位资深彩民总结了自己的购彩经验，和值 10~17 某个和值按正常数学概率应该是 13~14 期就应该出现 1 次，当某个和值超出正常概率的 2~3 倍未开出时，这时是盈利的大好时机，可以大胆地围绕这个点位周围的几个和值进行投注，直至中奖为止。

表 5-2 开奖号码

期号	号码	和值	跨度	备注
256	137	11	6	
257	389	20	6	
258	961	16	8	
259	396	18	6	
260	038	11	8	截至 261 期和值 15 已遗漏 30 期
261	994	22	5	
262	358	16	5	当期开出和值 16
263	110	2	1	
264	671	14	6	隔两期开出和值 14
265	695	20	4	
266	640	10	6	

截至 261 期和值 15 遗漏了 30 期还未出现，已超出正常概率的 2 倍多，那么这时我们就可以采取策略，选择包和值 "15" 这个点位和它周边的和值，即 262 期开始包买和值 14、15、16，并且进行倍投直至中出为止。此法就是：看准时机围绕某一和值点 "拉小网，多捕鱼"。

四、捕捉 012 路和值确定组选号码范围

在这里，首先引入一个新的名词概念："012 路叠加和值"，见表 5-3，如 287 期开奖号码是 890，其 012 路和值就是 $2+0+0=2$，属于 258 中的 2 路和值，其叠加后的 2，就看作是本期的叠加和值。又如 297 期开奖号码是 853，其 012 路和值就是 $2+2+0=4$，属于 147 中的 1 路和值，其叠加后的 4，就看作是本期的叠加和值。

表 5-3 012 路叠加和值统计

期号	号码	和值	跨度	012 路叠加和值计算	012 路和值
287	890	17	9	$2+0+0=2$	2 路
288	430	7	4	$1+0+0=1$	1 路

期号	号码	和值	跨度	012 路叠加和值计算	012 路和值
289	736	16	4	1 + 0 + 0 = 1	1 路
290	631	10	5	0 + 0 + 1 = 1	1 路
291	196	16	8	1 + 0 + 0 = 1	1 路
292	240	6	4	2 + 1 + 0 = 3	0 路
293	804	12	8	2 + 0 + 1 = 3	0 路
294	612	9	5	0 + 1 + 2 = 3	0 路
295	392	14	7	0 + 0 + 2 = 2	2 路
296	479	20	5	1 + 1 + 0 = 2	2 路
297	853	16	5	2 + 2 + 0 = 4	1 路
298	733	13	4	1 + 0 + 0 = 1	1 路
299	517	13	6	2 + 1 + 1 = 4	1 路

在 012 路和值走势中，总有一路和值处于热态，即处于惯性走势状态。因此我们可以抓住这一特征，在某一时段，把冷态和值不考虑，只把热态的 012 路和值作为参考对象，其正确率一般都在 70% 左右。

从表 5-4 中，可以更直观地看到叠加和值的走势特征。我们看到每一种 012 路叠加和值走势都有一定的延续性，这种"强者恒强，弱者恒弱"，是选三型彩票里的常见现象。这种特征不仅时常反映在个别奖号上，在其他许多走势中也有明显表现。

表 5-4　012 路叠加和值走势

五、根据连号遗漏值捕捉连号组选出号范围

表 5-5　连号和无连号统计

期号	开奖号码	无连	二连	三连
243	446	●	3	11
244	699	●	4	12
245	760	1	●	13
246	319	●	1	14
247	441	●	2	15
248	139	●	3	16
249	109	1	●	17
250	416	●	1	18
251	860	●	2	19
252	052	●	3	20
253	265	1	●	21
254	564	2	1	●
255	451	3	●	1
256	628	●	1	2
257	976	1	●	3
258	266	●	1	4
259	328	1	●	5
260	061	2	●	6
261	049	●	1	7
262	659	1	●	8
263	489	2	●	9
264	898	3	●	10
265	525	●	1	11
266	914	●	2	12
267	989	1	●	13
268	105	2	●	14
269	860	●	1	15

期号	开奖号码	无连	二连	三连
270	411	●	2	16
271	443	1	●	17
272	373	●	1	18
273	565	1	●	19
274	883	●	1	20
275	874	1	●	21
276	277	●	1	22
277	085	●	2	23
278	435	1	3	●
279	624	●	4	1
280	378	1	●	2
281	998	2	●	3
282	626	●	1	4
283	740	●	2	5
284	143	1	●	6
285	848	●	1	7
286	907	●	2	8
287	621	1	●	9
288	010	2	●	10
289	359	●	1	11
290	430	1	●	12
291	137	●	1	13
292	507	●	2	14
293	326	1	●	15
294	334	2	●	16
295	789	3	1	●
296	784	4	●	1
297	160	5	●	2
298	651	6	●	3
299	045	7	●	4

续表

期号	开奖号码	无连	二连	三连
300	805	●	1	5
301	572	●	2	6
302	656	1	●	7
303	801	2	●	8
304	856	3	●	9
305	744	●	1	10
306	073	●	2	11
307	997	●	3	12
308	743	1	●	13
309	830	●	1	14
310	045	1	●	15

从表 5-5 中我们看到，一般情况下，当连续 3~4 期未出现连号走势后，我们就可以开始对连号加以关注；相反，当连续 3~4 期开出连号后，接下来我们就应该考虑购买非连号组合的号码。

连号是指开奖号码中含有三位相连或两位相连的号码。三位相连的号码，又称为"拖拉机"或"顺子"，两位相连的号码也称为"半顺"。

在选三型彩票的 1000 注号码中，两位相连的直选号码共计有 360 注（相对应的组选号码为 60 注），理论上每 2.8 期就会开出 1 次（1000÷360＝2.8），查看排列三历史开奖数据，两位相连开奖号码的历史最大间隔为 7 期，一般情况下，当连续 3~4 期未出现连号走势后，我们就可以开始对连号加以关注。由于两位相连号码所占注数较多，不适合全包投注。因此，我们可以通过以下方式将两位相连号码进行细分，彩民们可结合当期号码走势特征有重点地进行选号投注，从而做到以小博大。

从单码角度看，可将半顺号码分为"含 0"两位相连至"含 9"两位相连共 10 类 2 连号，每种均为 138 注直选，如全包的话需投入 276 元，若中奖可得奖金 1040 元，获净收益 764 元。对于分析能力较强的彩民们，在确定了胆码的基础上，可将连号组合按大小、奇偶、质合、012 路等指标作进一步筛选，从中挑选重点号码进行投注。

六、号码选择上"追热不追冷"

"热者恒热""冷者恒冷"是号码走势表上常见的两种极端现象。"热者恒热"是指某个号码在短期内连续或者多次出现的现象；"冷者恒冷"是指某个号码在近期内连续多期没有出现或者很少出现的现象。

表 5-6　号码走势

期号	号码	备注
049	036	从 049~058 期的 10 期开奖中，号码"2"接连出现了 7 次，呈现热态走势，而在这个阶段号码"9"1 次都未出现，处于冷态
050	278	
051	702	
052	731	
053	652	
054	754	
055	276	
056	102	
057	242	
058	262	
059	143	
060	868	

从表 5-6 中我们看到，号码"2"在 049~058 期的 10 期开奖中，接连出现了 7 次，呈现热态走势，而在这个阶段号码"9"一次都未出现，处于冷态走势。

在号码走势表上，"热者恒热"的现象比比皆是，因此，我们可以利用并把握这一走势特征，高概率地选择或者缩小号码的出现范围，最大限度地提高中奖率。

"追热不追冷"永远是彩票号码选择上的不二法则，多少人为了博冷而买入，冷态的指标永远没有尽头，一切皆有可能发生，有的冷态指标可连续几十期甚至上百期不出现。所以，追热避冷是彩民们在投注选号时应遵循的铁律，掌握和应用好追热避冷这一技巧会终身受益。

技术型彩民玩转排列三中奖实例

在体彩排列三的玩法中，如何才能做到时常有收获丰厚的中奖，不少广西彩民的竞猜水平已经相当高，中奖率超高，彩民们因此经常收获丰厚。一些彩民更是技术过硬，看准某个指标就制订计划按期跟进，直至中出为止。南宁市的郭先生就是一位技术型彩民，他平时潜心研究排列三投注技巧，凭借自己的专业分析，制订了一个投注计划，在10天之内截获136注直选奖，收获13万多元奖金，让他在短时间内收获丰厚。

郭先生经常到南宁市衡阳派出所旁的彩票投注站买彩，他最喜爱排列三玩法，每天都会光顾该投注站买彩票。郭先生并不随意选号，他是一位技术型彩民，通过研究排列三走势，看准某个形态或某个指标有追号价值，他就果断地制订计划每天跟进。郭先生认为，按计划买排列三关键是要选好指标，追热不追冷，有些偏态太冷，他就不会盲目跟风用冷态制订计划，而是根据走势决定该追什么指标，这样就不会因为所追的指标很久不出而压力过大。

最近几天时间里，他中奖颇丰。9月9日晚，排列三第07244期开出"333"的豹子号，该彩民中出182注直选，郭先生占了其中近半，收获了80注直选。在大家都追"全小"的时候，他并不盲目跟风，而是另辟蹊径，追的是"全0路"组合，当期的"333"正是他追了四天的"全0路"号码，一下让他中得8万元奖金。9月17日，排列三第07252期开出"029"，跨度9遗漏了68期后开出，不少彩民跟了"09"组合很多天，但郭先生没有追这个太冷的跨度，而是用号码"29"作胆，其他号码全拖，追了才三天，排列三就开出了"029"，让他中了56注直选。

七、观察出号走势捕捉中数区号码投注机会

中数区的号码"3456"占选三型彩票号码0~9的40%，有一定的出号率，如果组六全包投注一共4注，只需投入8元；组三全包投注是12注号码，需投入24元。"3456"组三和组六全包的话，一共是16注号码，总费用是32元，还是

表 5-7　中奖号码走势

期号	奖号	0	1	2	3	4	5	6	7	8	9
069	946					4		6			9
070	333				3						
071	842			2		4				8	
072	948					4				8	9
073	031	0	1		3						
074	656						5	6			
075	900	0									9
076	389				3					8	9
077	634				3	4		6			
078	633				3			6			
079	485					4	5			8	
080	188		1							8	
081	210	0	1	2							
082	553				3		5				
083	564					4	5	6			

比较适中的。

从表 5-7 中看到，074 期开出了号码"656"，"656"属于中数区"3456"范围内的号码，当奖号进入中数区号码频繁开出时，可以间隔两期无中数区号码，然后继续跟踪购买中数区号码 3~5 期，此时是中数区号码频繁开出阶段，是我们中得奖号的大好时机，而且中奖率是比较高的，应该抓住这个机会获得收益。

八、热号温号冷号法投注定位胆

在投注定位胆的这十个数字中，把号码分为热号、温号和冷号。我们把历史开出的号码按照每六期为一个统计阶段，当某个号码进入热码阶段时，我们就可以关注并追这个热码，因为热码过热后是逐渐变冷的，不会一下突然冷下去，一般都要经过热—温—冷一个逐步变化过程。所以，当某个号码进入热码区域的时候，接下来就是我们捕捉此号码进行投注的大好时机。

表 5-8 中奖号码冷热温分布

期号	奖号	0	1	2	3	4	5	6	7	8	9
238	127		1	2					7		
239	931		1		3						9
240	689							6		8	9
241	651		1				5	6			
242	678							6	7	8	
243	008	0								8	
244	350	0			3		5				
245	987								7	8	9
246	778								7	8	
247	065	0					5	6			
248	251		1	2			5				
249	461		1			4		6			
250	713		1		3				7		
251	494					4					9

注：在最近 7 期的一个统计阶段内出现 3 期及 3 期以上的号码为热码；出现 2 期的号码为温码；出现 1 期以及 0 期的号码为冷码。

九、选三型彩票按位直选定位选号

有不少技术型彩民选号技巧较高，有时能精准地判断确定 3 个号码或 2 个号码，可是每个号码的位置却不好掌握。与其他彩种一样，排列三开奖出号也是随机的，但在实际的开奖过程中，百位、十位、个位出号还是有一定概率和出号特征的。我们可以根据每个位置号码的实际概率发生和特征，有针对性地进行模拟投注几期，待有了一定的中奖率后就可进行实战投注。

对于选三型彩票的直选定位，以及如何按位选择不同形态的号码，我们可依据近期开奖号码的按位实际走势特征来确定当期将开出的号码类型及号码位置定位。

（1）百位号码大于个位号码，对应的号码一共有 450 注直选号码，从理论上讲，平均每隔 2.2 期就会出一次。而在实际的开奖过程中，最热时曾经连续 4 期出现过百位号码大于个位号码的情况。在实际的开奖过程中，当连续两期百位号码大于个位号码时，第 3 期就可以考虑排除该形态的再次出现。

（2）百位号码小于个位号码，所对应的直选号码也是 450 注直选号码，其理论上间隔出现的平均周期也为 2.2 期。而在实际开奖过程中，最热时曾连续 6 期百位上的号码小于个位号码。因而在实际分析的过程中，对于这个形态的号码，可以把连续出现 3 期视为一个循环周期。

表 5-9　开奖号码

期号	号码	和值	跨度	备注
096	216	9	5	
097	774	18	3	
098	139	13	8	
099	464	14	2	
100	269	17	7	
101	109	10	9	
102	750	12	7	
103	832	13	6	
104	576	18	2	
105	490	13	9	
106	082	10	8	
107	639	18	6	
108	168	15	7	
109	652	13	4	
110	475	16	3	
111	905	14	9	

在 109 期开奖前，我们根据之前 13 期开奖号码走势提供的数据，精准判定本期将出号码为 256。从十位的号码走势特征看，106~109 期将要走出 2-0-0-2 的 012 路号码形式。个位号码的前两期是 9 和 8，都为大数，依此我们排除了个位本期再次出现大数的可能，本期个位应该出小数，而号码 256 当中只有 2 为小数，所以确定 2 应定位在个位；那么好了，剩下数字 5 和 6，前面分析十位应出 2 路号码，只有 5 符合是 2 路号码，所以 5 应处于十位的中间位置，最后百位上

的号码应该是数字 6。这就是我们利用百位、十位、个位不同位置的号码走势特征，精准地将 3 个数字对号入座，最后确定了每一个数字应处的具体位置。

结果，第 109 期开出了奖号 652，与我们的预计完全一样，一举击中了开奖号码。

实战实例

据彩票站业主介绍，常来彩票站的彩民邹先生是位老彩民，对体彩排列三情有独钟。3 月 12 日，邹先生吃完晚饭，像往常一样来到位于家附近商业街的彩票网点买第 10064 期的排列三。他买的是复式票，第一位 2、3，第二位 0、6、1，第三位 8、9，由于感觉特别好，所以这个号码买了 1430 倍，打了 16 张票。结果，这期体彩排列三开出的 "268" 号码让这位邹先生中了 1430000 元！

十、选三型彩票按位依据奇偶走势特征进行直选定位

选三型彩票的直选，如何按位选择奇偶号码，是有一定技巧的。在实际开奖走势中奇偶的出现是有一些规律和特征的。在这里，我们所说的号码走势是按位（百、十、个）走势，实际中按位出号特征主要表现为以下两种格式：

格式 1：偶偶—奇—偶—？（奇）

格式 2：奇—偶偶—？（偶）

解说：格式 1，如果单独两期奇偶发生连续变换，那么接下来还会变。

格式 2，如果单独两期奇偶没有发生连续变换，那么接下来保持不变，维持惯性走势。

表 5-10　根据奇偶走势特征直选定位

期号	号码	百位奇偶	十位奇偶	个位奇偶	变换状态
287	890				
288	430				
289	736	7 奇			
290	631	6 偶			变
291	196	?（1 奇）			还会变
292	240				
293	804				
294	612				
295	392				
296	479			9 奇	
297	853			3 奇	不变
298	733			?（3 奇）	惯性，维持不变
299	517				

　　我们可利用上述奇偶走势特征，在直选投注时精准地按位确定每个号码的位置。

实战实例

　　董先生今年 30 多岁，家住无锡市，对于福彩 3D 颇有研究。由于把精力都放在玩 3D 上了，没有闲暇再去买别的彩票。对董先生来说，每天花二三十元将自己心仪的号码打成彩票，然后默默地等待开奖，这是一种乐趣，他每天也是这样坚持着。从最初的凭感觉选号，磨炼到现在的研究号码走势选号，董先生一点一滴地累积着自己的购彩经验。

　　3 月 17 日下班后，董先生没有马上回家，而是直接转到附近的福彩投注站。他在分析了近期走势后，发现百位小数略缺，十位近期持续奇数、大数占优，个位偶数、小数占优，然后他结合遗漏、和值数据，层层筛号，最终董先生选定了"518"这个号码进行倍投。"综合分析了多组数据，选这注号码是比较自信的"，兑奖时，董先生说。最终的开奖结果也印证了董先生的自信是理所应当的，他以 20 倍倍投击中了奖号"518"，截获奖金 20800 元。

十一、排列三按位 012 路选号直选复式投注技巧

作为体彩的主力玩法之一，排列三在全国各地拥有众多的玩彩高手。其中，玩直选的彩民也大有人在。通过以下排列三直选高手的中奖故事，相信会对你提高直选技巧，玩转排列三起到积极的帮助作用。

实战实例

直选组合复式票投注：青海彩民孟先生独揽 27.7 万元奖金。

"174"是 4 月 30 日第 113 期排列三的中奖号码，当期青海彩民孟先生采用同一号码进行了 258 倍投注，一举获得了当期 258 注 1000 元的直选奖和 258 注省体彩中心派奖 74 元的直选加奖，一人独揽 27.7 万元奖金，大获全胜，成为本期排列三中奖者中的最大赢家。

原来，对排列三一直有所青睐的孟先生是位技术型彩民，热心于数字型玩法，对直选有着比较深入的研究，在以往的投注中，孟先生已总结和借鉴了不少选号的方法。当期选号时，他分析了首位"1"在之前的多期开奖一直走冷，而近期"4"和"7"两数字在第二、三位号码上又持续热出，经过一番精挑细选后，他最后确定了"147"作为当期直选组合复式票的投注号码。

孟先生在投注站先将"147"这组号码选择了 258 倍直选组合复式票投注：先分别买了 60 倍和 66 倍两张票，打完票后孟先生感觉意犹未尽，又买了 60 倍和 72 倍两张票，合计买了四张票共 258 倍的投注。当晚开奖后，这四张直选复式票准确命中当期开奖号码"174"，为孟先生带来 27.7 万元的丰厚奖金。

孟先生在本次排列三直选投注中，采用的是位选复式投注方式。位选复式投注就是百位、十位、个位均可选择 1~10 个号码。如百位选择 N 个号码，十位选择 N1 个号码，个位选择 N2 个号码，组合后总的投注数为：N×N1×N2，总投注金额为：2×N×N1×N2。可进行多倍投注，如中奖，单注奖金为 1000 元。

把孟先生在本期投注的直选复式号码代入上面公式，就是：147/147/147，一共是 3×3×3＝27 注号码；单倍总投注金额为：2×N×N1×N2＝2×3×3×

3=54 元。如果能确定百位出 1，47 作为十位、个位的复式组合投注号码，就是：1/47/47/，那么总投注号码将减少为：1×2×2＝4 注号码；单倍总投注金额是：2×N×N1×N2＝2×1×2×2＝8 元。因此，如果能精准地判断当期号码走势类型，只需 8 元就可以采用直选复式票投注，有机会中得直选大奖。

十二、利用三线图号码走势特征确 2 包 1 复式投注

排列三号码走势三线是一张比较重要的表，从表上我们可以看到，各路号码在区域之内的联系，以及各路号码与区位之间号码的相关性。例如，我们看到 326~329 期，第二线、第三线里面数字 6 与数字 5 的相关性；从 336~350 期，第一线里面数字 1 与数字 5 的相关性；以及第一线和第三线不同区域内，数字 8 与数字 1 的相关性，数字 5 与数字 4 的相关性。

从上面提到的号码间的相关性可以看出，短期内观察分析号码之间的相关性走势特征，对锁定胆码和号码定位有非常重要的实战意义。我们可以依据近期出号走势，只对有明显走势特征两线区号码进行较深入细致的研究，锁定两线区的胆码范围，另一线区的号码则全包，并采用复式投注，这种复式投注方法的中奖率还是比较高的，对于单选或组选投注都可使用。

十三、对看好的号码、幸运数字追号守号

追号就是看中了某一个或一组号码，连续买上几期或十几期，追号也叫守号。在一般常见的彩票中，如福彩 3D、排列三、排列五、时时彩、双色球、大乐透等，都可以进行守号投注，有相当多的彩民经常会根据自己看好的走势或幸运数字，长期不变地对某一号码或某一组号码进行投注。

在每天多次开奖的高频彩票中（如时时彩），追号的概念被充分地引用。追号是有技巧地追号，有时追号往往和倍投结合在一起运用的，两者的配合运用得当可明显地增加投资收益。

守号也是一种有效的购彩方式和中奖手段，把握号码的出号节奏，号码走势特征，是能否守号成功的关键。守号的种类很多：如守 1 个号的直选或组选，守

表 5-11　排列三号码走势三线

期号	号码	第一线（百）										第二线（十）										第三线（个）									
		0	1	2	3	4	5	6	7	8	9	0	1	2	3	4	5	6	7	8	9	0	1	2	3	4	5	6	7	8	9
325	668							6										6												8	
326	363				3													6							3						
327	656						5	6									5											6			
328	865									8								6									5				
329	951										9						5							1							
330	564						5											6								4					
331	673							6											7						3						
332	445					4										4											5				
333	975										9								7								5				
334	355				3												5										5				
335	538						5								3															8	
336	150		1														5					0									
337	528						5							2																8	
338	401					4						0											1								
339	548						5									4														8	
340	648							6								4														8	
341	039	0													3																9
342	633							6							3										3						
343	807									8		0																	7		

续表

期号	号码	第一线（百）											第二线（十）											第三线（个）										
		0	1	2	3	4	5	6	7	8	9	0	1	2	3	4	5	6	7	8	9	0	1	2	3	4	5	6	7	8	9
344	103		1									0													3							
345	562						5											6				2									
346	100		1									0										0									
347	589						5													8											9
348	757								7								5												7		
349	154		1														5									4					
350	519						5						1																		9
351	475					4													7								5				
352	424					4								2												4					
353	453					4									3	5									3						
354	533						5								3										3						

1个和值、守奇偶或大小的某种搭配形式等。

蹲守热号：热号在近期出现走强之后，热号变冷一般会有一个过程，即"强后之缓"，因此我们可利用这一特征，适时捕捉号码，进行守号。"追热不追冷"永远是彩票号码选择上的最佳法则，守热号是一种比较可靠的守号方式。

守组选号码是一种最简单守号方式，具有投资少、周期短、回报较高的特点。比如：守一个组选六号码，你只要选一个近期内未出现的号就行了。组选三号码有扎堆出现、连续开出的特点，如能抓住机会，将会事半功倍。还有守一个和值的组选，最多只需要30元，只要开出这个和值，肯定中奖，若中出组选三，则奖金翻倍。

实战实例

3月27日星期一上午，辽宁铁岭的一位彩民来到投注站兑奖，这位彩民朋友是福彩3D的忠实粉丝，他对自己看好的号码喜欢跟号守号，并且是这家投注站的常客。这组号码已经跟了有半个多月了，每次买得都比这次要多，都没有中奖，就这回买得少，反而中奖了。他买了三张彩票，采用的是直选，一共打了20注，奖金合计有20.8万元，对于3D来说，他说："这是他中的大奖了。"

对没有什么经验的彩民朋友们来说，跟号和守号也是一种比较好的方法，这样的例子也不在少数，如果您没有时间研究号码，没有时间切磋技巧，您可以选择守号，坚持一定会有收获！

十四、分析号码斜3连与012路跨度

号码斜3连：号码斜3连是指彩票三期（可跨期）出号里同类型的不同3码有规律的保持一定间距的一组数码。

012路跨度：跨度是每期奖号里最大码减去最小码的差值。跨度一共分为10跨，从跨度0至跨度9。跨度根据012路可分为0路跨度0369、1路跨度147及2路跨度258；根据质合数，还可分为质数跨度12357与合数04689。跨度的进一步细分能更精准地筛选号码。

分析号码斜 3 连和 012 路跨度的意义：精确分析号码斜 3 连和 012 路跨度，可以在较小的范围内定出预选出号范围，如果再配合和值可将号码压缩至 10 注以内，取得比较好的选号效果。

号码斜 3 连一般分为奇数号码斜 3 连和偶数号码斜 3 连，奇数号码包括 13579，偶数号码包括 02468，奇数斜 3 连如：1-3-5、3-5-9、1-7-9 等；偶数斜 3 连如：2-4-6、0-4-8、6-2-0 等。

跨度还可根据 012 路分为 0 路跨度 0369、1 路跨度 147 及 2 路跨度 258；根据质合数，可分为质数跨度 12357 与合数 04689。跨度的进一步细分能更精准地筛选号码。可根据观察近期跨度走势特征，如奇数跨度 5-7、1-7、3-5 等；偶数跨度 4-6、2-8，以及 012 路跨度等判断当期最有可能开出的跨度值。

表 5-12　号码斜 3 连分布

期号	奖号	号码分布									
		0	1	2	3	4	5	6	7	8	9
139	811		①							8	
140	677							6	⑦		
141	929			2							⑨
142	296			2				6			9
143	240	0		2		4					
144	054	0				4	5				
145	627			2				6	7		
146	318		1		3					8	
147	075	0					5		7		
148	161		①					6			
149	084	0				4				8	
150	775						5		⑦		
151	455					4	⑤				
152	681		1					6		8	
153	088	0								⑧	
154	224			②		4					
155	405	0				4	5				
156	973				3				7		9
157	084	0				4				8	

续表

期号	奖号	号码分布									
		0	1	2	3	4	5	6	7	8	9
158	763				3			6	7	8	
159	722			②					7		
160	173		1		3				7		
161	662			2				⑥			

表 5–13　跨度 012 路分布

期号	奖号	跨度 012 路分布									
		跨 0	跨 3	跨 6	跨 9	跨 1	跨 4	跨 7	跨 2	跨 5	跨 8
139	811							7			
140	677					1					
141	929							7			
142	296							7			
143	240						4				
144	054									5	
145	627									5	
146	318							7			
147	075							7			
148	161									5	
149	084										8
150	775								2		
151	455					1					
152	681							7			
153	088										8
154	224								2		
155	405									5	
156	973			6							
157	084										8
158	763						4				
159	722									5	
160	173			6							
161	662						4				

号码斜 3 连与 012 路跨度应用特点：捕获号码斜 3 连，同时确定 012 路跨度范围，是一种效率较高的选号手段，可将投注号码缩减至 10 注以内，大大降低投注成本。但这种机会不是天天都会有，需要有耐心观察走势，一旦抓住机会确定范围便可进行重点投注。

跨度还可进一步细分为三个不同的类型：根据单双数，可以分为单数跨度 13579 与双数跨度 02468；根据除以 3 余数，可分为 0 路跨度 0369、1 路跨度 147 以及 2 路跨度 258。根据质合数，可分为质数跨度 12357 与合数跨度 04689。对跨度细分，能有效地筛选号码组合。

当选取的跨度值为单数时，其号码结构必然为 2 单 1 双或 2 双 1 单，可排除全奇、全偶的形态。

跨度分析法用在直选投注上，可以作为一种辅助方法。即在选出需要投注的号码后，再用跨度分析法去对应其直选号码。例如，144~158 期近 15 期的跨度值分别为 5、5、7、7、5、8、2、1、7、8、2、5、6、8、4，可见单数跨度和双数跨度都具有持续二到四期这样一个特点，所以在判断下期跨度值时可以把单双跨度惯性走势特征作为参考。例如，我们判断 152 期的跨度值为单数跨度，并判断奖号的单双形态为 2 双 1 单，而这个单独的单号在十位或个位出现，而两个双号是其相邻的 2 个号码，同时依据上面的跨度走势，当期再次开出跨度 7 的概率很大。结果，当晚的开奖号码 681，单数码就正好出现在个位，跨度 7 又一次重复了之前的走势特征。

通过对奖号跨度值单双的分析，再配合走势将号码大小、单双也纳入其中，这样一来，可以辅助帮助我们在直选选号时的号码定位。按照此方法分析，可精准地判断出号码的出号范围和号码定位，对我们提高中奖率很有帮助。

十五、观察三期出号走势特征判断当期出号范围

对于实战来说，3 期内不出号或 3 期出 1 个号的走势特征比较有利于我们投注选号。当出现这种走势时，接下来 3 期出现 3 个号码的概率极大，我们就可以运用 7 码复式投注公式进行投注，即把 3 期内的号码全包进行 7 码复式组合投注，此时是我们投注中奖的大好时机。

表 5-14　三期出号走势

期号	奖号	三期出号数			
		0	1	2	3
232	532			●	
233	983			●	
234	436		●		
235	465				●
236	910		●		
237	304				●
238	127		●		
239	931				●

十六、斜 3 连配合三期出号走势表来挑选投注号码

（一）先看中奖号码分布表

首先，我们看到中奖号码分布表里排列三 237 期的 3 和 238 期的 2 构成了斜 2 连，斜 2 连 3-2 指向了还没开出的 239 期的"1"，形成连号斜 3 连 3-2-1，由此我们判断下期可能会开出 1，可以把 1 作为本期的胆码。

其次，235 期的 5 和 237 期的 3 也构成了隔期斜 2 连 5-3，斜 2 连 5-3 指向了下面隔期即将开出的 239 期的"1"，形成跨期奇数斜 3 连 5-3-1。

还有，我们看到 238 期没有出现重码，本期看好将有重码出现，因 2 和 7 最近出现的间隔都比较大，处于相对的冷态，本期不太可能出现重码，号码 1 最近正在慢慢走热，很有可能会产生重码。

综合上面的分析，我们认定号码 1 应该是本期的金码，可以作为胆码来使用。

表 5-15　中奖号码分布

期号	奖号	中奖号码分布									
		0	1	2	3	4	5	6	7	8	9
231	509	0					5				9
232	532			2	3		5				
233	983				3					8	9
234	436				3	4		6			
235	465					4	5	6			
236	910	0	1								9
237	304	0			3	4					
238	127		1	2					7		
239	931		1		3						9

（二）观察三期出号走势

表 5-16　三期出号走势

期号	奖号	三期出号数			
		0	1	2	3
232	532			●	
233	983			●	
234	436		●		
235	465				●
236	910		●		
237	304				●
238	127		●		
239	931				●

　　三期出号是指当期开奖号码里包含上面 3 期内 1 个、2 个或 3 个号码，或 1 个也不包含。

　　我们看到 234~237 期，当三期出 1 个号之后，接下来就出 3 个号，因此我们看好 239 期还出 3 个号，因为玩彩玩的就是概率，许多走势特征在一定时期发生的概率很高，我们要力争抓住这个特征。

236~238 期三期出现的单码是：0、1、2、3、4、7、9，一共 7 码，以下是 7 码公式：

A、B、C、D、E、F、G

ABC、ABD、ABE、ABF、ABG、ACD、ACE、ACF、ACG、ADE、ADF、ADG、AEF、AEG、AFG、BCD、BCE、BCF、BCG、BDE、BDF、BDG、BEF、BEG、CDE、CDF、CDG、DEF、DEG、EFG

代入 7 码公式我们得到以下 30 注号码：

012、013、014、017、019、023、024、027、029、034、037、039、047、049、079、123、124、127、129、134、137、139、147、179、234、237、239、347、349、479。

我们把含有胆码 1 的号码挑选出来，它们是：

012、013、014、017、019、123、124、127、129、134、137、139、147、179，缩减至 14 注，需用投入 28 元，同时根据和值走势，我们认为本期和值将会在中段区域 11~16，那么符合条件的剩下以下 5 注号码：

129、137、139、147、179

结果当期开奖号码 931 正在其中。我们只投入了 10 元就击中了开奖号码。

十七、利用三期出号走势表来挑选胆码并确定投注号码

表 5-17 三期出号走势

期号	奖号	三期出号数			
		0	1	2	3
232	532			●	
233	983			●	
234	436		●		
235	465				●
236	910		●		
237	304				●
238	127		●		
239	931				●

在排列三 238 期开奖前，我们从三期出号走势表中看到，237 期的三期出号走势表是出了 3 个号，根据近期走势特征来看，本期出 1 个号有一定的概率，按照这个思路，先来统计一下上 3 期已开出的号码，它们是 0134569，一共 7 码，剩下是未出现的 3 个号码"2、7、8"。因为，从走势上看本期我们看好从 0134569 这 7 码中只出 1 码，那么剩下的 2 码将要从"2、7、8"这 3 个号码里来出，我们还看到 237 期的奖号是 2 偶 1 奇，这期看好 2 奇 1 偶。由于不能确定"2、7、8"这 3 个码哪两个是胆码，我们就把这 3 个码都先定作为胆码，然后把它们分成两组胆码，"27"是一组胆码，"28"是另一组胆码。接下来用胆码"27"和"28"与 0134569 搭配进行复式组合投注，可组成以下号码：270、271、273、274、275、276、279、280、281、283、284、285、286、289，一共是 14 注，上面分析本期看好 2 奇 1 偶，那就把 2 奇的号码挑出来，它们是：271、273、275、279，只剩下 4 注号码。结果，238 期开出的奖号是 127，正在这几注号码当中，判断正确！如果当期未中出，建议看准趋势连跟 1~4 期，并适当倍投，一定会有收获的。

十八、大小配合重码及胆码来筛选下期号码

（一）先看大小号码走势

首先，我们看到福彩 3D 组选号码大小走势表里从 234~237 期已经连续 4 期出号是 2 小 1 大，本期我们预计会出 2 大 1 小。

表 5-18　组选号码大小走势

期号	中奖号码	大小分布			
		全大	两大	两小	全小
228	290			●	
229	671		●		
230	952		●		
231	683		●		
232	811			●	

续表

期号	中奖号码	大小分布			
		全大	两大	两小	全小
233	432				●
234	454			●	
235	107			●	
236	264			●	
237	107			●	
238	267		●		

(二) 观察中奖号码分布

表 5-19　中奖号码分布

期号	奖号	中奖号码分布									
		0	1	2	3	4	5	6	7	8	9
228	290	0		2							9
229	671		1					6	7		
230	952			2			5				9
231	683				3			6		8	
232	811		1							8	
233	432			2	3	4					
234	454					4	5				
235	107	0	1						7		
236	264			2		4		6			
237	107	0	1						7		
238	267			2				6	7		

其次，观察中奖号码分布表，235~237 期已经 3 期未出现重码，由于重码在正常情况下会频繁地发生，因此，我们看好本期有重码的出现。

还有，我们看到 229~236 期，每当上期开出号码"1"，下一期就会出号码"2"，因此，我们认为 2 可以当作本期的胆码。

在福彩 3D 彩票游戏中，两大一小的组选六号码一共有 75 注，根据上面的分析，本期看好出现重码，即 0、1、7 这 3 个码中可能会出一个，我们从大小、奇偶分区表中把 2 大 1 小的 75 注号码里含有 0、1、7 的号码全部挑选出来，如下：

550、551、660、661、770、771、772、773、774、880、881、990、991、056、057、058、059、067、068、069、078、079、089、156、157、158、159、167、168、169、178、179、189、257、267、278、279、357、367、378、379、457、467、478、479，一共是 45 注。

上面提到 "2 可做本期的胆码"，我们把含有 2 的号码从以上 45 注里挑选出来，即 772、257、267、278、279，这时经过筛选后，最后只剩下 5 注号码，我们用这 5 注号码进行投注，238 期的实际开奖号码是 267，正在这经过筛选后的 5 注号码当中，我们只花费了 10 元，就中得了奖号。

十九、斜 3 连配合重码与和值中组选及单选奖

首先，在排列三 218 期开奖前，我们从中奖号码分布图看到，216 期的号码 5 与 217 期的号码 4 构成斜 2 连 5-4，指向了未开出的 218 期的号码 3。

其次，216 期与 217 期的重码 "2" 有望形成 2 的重码三连。

表 5-20　中奖号码分布

期号	奖号	中奖号码分布									
		0	1	2	3	4	5	6	7	8	9
208	353				3		5				
209	727			2					7		
210	728			2						8	
211	951		1				5				9
212	614		1			4		6			
213	055	0					5				
214	190	0	1								9
215	154		1			4	5				
216	254			2		4	5				
217	242			2		4					
218	232			2	3						

因此，我们把 3 和 2 作为本期的二胆码来使用，组合后一共是 10 注码：032、132、232、332、432、532、632、732、832、932。

由于近期和值一直在 11 点、10 点、8 点左右徘徊，估计本期和值应该在 7~15 点间，逐渐向中段区域移动。由于号码 4 已经连续 3 期出现，形成 3 连重码，本期再次出现的可能性不大，可以把包含 4 的号码排除掉。同时，把和值小于 7 的 032、132 去掉，最后还剩下 7 注号码：232、332、532、632、732、832、932，我们把这 7 注号码进行了组选投注。

218 期的开奖号码是 232，和值 7，正在这 7 注号码当中，我们只花费了 14 元就中得了奖号。接下来，还可以把这 7 注组选号码转变为直选号码进行投注，转为直选后一共是 42 注号码，需投入 84 元。

也就是说，在选择投注组选号码的同时，也可同时进行直选投注，如果判断正确的话，在收获组选奖的同时，还会中得直选奖，取得双丰收。

在指标的选择和运用上，主要看这个指标当前是否有明显的趋势表现，如果认为这个指标出现的概率较大，就可以大胆地采用这个指标。不要害怕选错指标，因为玩彩票玩的就是概率，即我们要把小概率事件，最大限度地转变为大概率事件。金融大师索罗斯曾说过："你的选择是正确的还是错误的并不是最重要的，最重要的是当你正确时能赚多少，错误时会亏损多少。"也就是说，只要你正确的时候赚到的钱多于错误时亏损的钱，你就是成功的。

实战实例

小郑家住在怀山县东华乡街上，每月都要到电信营业厅交话费，这次小郑交话费时看见营业厅旁新开了家体育彩票便利店，就进店里随便问了问，老板娘给小郑认真地讲解了体彩的各类游戏玩法。就这样一来二去，小郑渐渐地买起了体育彩票。刚开始小郑啥都不懂，慢慢对体彩的各个玩法略知一二，比较后觉得排列三比较好玩，就进行了认真研究，一些选号技巧如隔码、斜连、和值等运用得都比较好。

7 月 9 日，小郑经过研究，一共选了 8 注"排列三"直选号码，其中对752、544 这两注号码特别有感觉，打算在第二张票上重复购买这两注号码。当天下午快 7 点时，小郑拿着选好的号码来到了体彩便利店，让老板娘给出票，并对每张彩票进行了 2 倍投注，一共投入了 40 元。

第二天上午，小郑高兴地来到网点，拿着头天购买的排列三彩票对老板娘说："我中奖了，752 这注号码一共中了 4 注，有 4000 多元呢。"老板娘接过彩票放机子里一兑，两张彩票都中得 2080 元，一共 4160 元，连忙给小郑道喜："不错，40 元换来 4160 元奖金，恭喜了！"老板娘一边兑付小郑的奖金，一边安排店员拿红纸写喜报、买鞭炮，等一切就绪，老板娘把大红喜报贴到店门口醒目位置，把小郑的中奖彩票进行展示，组织店员燃放鞭炮。看着这些小郑心里美滋滋的，对着好奇围过来的人群说起了自己的购彩经历，介绍体彩的各种玩法和选号技巧。大家都听得津津有味，不时有一些人提问，小郑都一一解答并说："等你们自己买了彩票，就知道其中的乐趣了。"小郑的中奖，是自镇上有了体彩便利店以来，中得奖金最高的一次，希望能给小镇带来快乐，也希望小镇的彩民们获得更多、更大的奖金。

二十、斜 3 连配合位距进行选号投注

表 5-21 中奖号码走势

期号	号码	和值	跨度	中奖号码分布									
				0	1	2	3	4	5	6	7	8	9
066	848	20	4					4				8	
067	382	13	6			2	3					8	
068	217	10	6		1	2					7		
069	946	19	5					4		6			9
070	333	9	0				3						
071	842	14	6			2		4				8	
072	948	21	5					4				8	9
073	031	4	3	0	1		3						
074	656	17	1						5	6			
075	900	9	9	0									9
076	389	20	6				3					8	9
077	634	13	3				3	4		6			

续表

期号	号码	和值	跨度	中奖号码分布									
				0	1	2	3	4	5	6	7	8	9
078	633	12	3				3			6			
079	485	17	4					4	5			8	
080	188	17	7		1							8	
081	210	3	2	0	1	2							
082	553	13	2				3		5				
083	564	15	2					4	5	6			
084	836	17	5				3		?	6		8	

（一）近期的斜 3 连走势

在 084 期开奖前，首先，082 期的 553 与 083 期的 564，有两个斜 2 连生成——5-6 和 5-4，因此，084 期有望形成斜 3 连号码 5-6-7 和 5-4-3。由于，号码"7"已经连续 15 期未开出，处于极冷状态，因而本期仍不看好号码"7"会现身，而号码"3"近期处于活跃状态，所以，本期看好斜 3 连 5-4-3 的出现，号码"3"可以定为本期的胆码使用。

其次，082 期与 083 期都开出了号码"5"，形成 2 重码，因此，本期号码"5"形成 3 重号有一定的概率，即 5-5-5，从近期走势看号码"5"正在逐渐升温变热，我们把号码"5"也定为胆码。

从和值走势上看，081 期降到了 10 以下的低和值 3 后，082 期、083 期和值又回到 10 以上的中段和值区，我们这一期继续看好和值在 11~17 中段区域内徘徊，并且看好组六号码。

我们到"选三型彩票胆码组合号码速查表"里可以查到，胆码 3 的和值在 11~17 范围内的有以下号码：

237、357、238、358、239、359、367、345、137、138、346、368、347、139、038、348、039、349、236、356。

胆码 5 的和值在 11~17 范围内的有以下号码：

257、457、258、458、156、259、157、345、456、056、158、356、057、159、357、058、358、059、245、359、256、456。

去掉与胆码 3 重复的号码后剩下注数：

257、457、258、458、156、259、157、456、056、158、057、159、058、059、245、256、456。

这样我们利用本期看好的胆码 3+胆码 5 的初步筛选号码如下：

237、357、238、358、239、359、367、345、137、138、346、368、347、139、038、348、039、349、236、356；

257、457、258、458、156、259、157、456、056、158、057、159、058、059、245、256、456。一共 37 注。

表 5-22　开奖号码位距走势

期号	奖号	位距	位距和	除3余数			百距	除3余数			十距	除3余数			个距	除3余数		
				0	1	2		0	1	2		0	1	2		0	1	2
066	848	316	10		1		3	0			1		1		6	0		
067	382	546	15	0			5			2	4		1		6	0		
068	217	175	13		1		1		1		7			1	5			2
069	946	731	11			2	7		1		3	0			1		1	
070	333	613	10		1		6	0			1		1		3	0		
071	842	511	7		1		5			2	1		1		1		1	
072	948	106	7		1		1		1		0	0			6	0		
073	031	917	17			2	9	0			1		1		7		1	
074	656	625	13		1		6	0			2			2	5			2
075	900	356	14			2	3	0			5			2	6	0		
076	389	689	23			2	6	0			8			2	9	0		
077	634	355	13		1		3	0			5			2	5			2
078	633	001	1		1		0	0			0	0			1		1	
079	485	252	9	0			2			2	5			2	2			2
080	188	303	6	0			3	0			0	0			3	0		
081	210	178	16		1		1		1		7		1		8			2
082	553	343	10		1		3	0			4		1		3	0		
083	564	011	2			2	0	0			1		1		1		1	
084	836	332	8			2	3	0			3	0			2			2

（二）观察开奖号码位距走势

接下来我们分析一下开奖号码位距走势表，从个位的近期走势上看，本期出0路号码的概率很高；十位上一期开出的是0路号码，根据近期十位走势特征，0路号码有可能会继续惯性走势，由于0路号码占全部号码的40%，所以发生惯性走势的比率还是比较高的；看百位走势，百位号码从081~083期连续开出2路号码，2路号码走强，本期百位继续2路号码的惯性走势会有一定的概率，同时根据近20期的百位走势特征，百位也有开出0路号码的可能，因此本期百位把2路和0路号码作为主要投注方向。

综合上面的分析，本期号码投注的范围应选为全0路号码和一个2路和两个0路号码作为主要投注方向。

本期号码投注的范围：

（1）全0路号码，即000路号码。

（2）一个2路和两个0路的号码，即200路号码。

现在我们确定了号码的投注类型，可以从上面的37注号码中做进一步的筛选，把包含000路的号码和200路的号码全部挑出来，它们是：

000路号码：039；

200路号码：239、359、368、038、236、356、056、059。

一共是9注号码，只需投入18元。

结果，084期开奖号码为836，正在这9注号码中。

注：继续对百距、十距、个距的012路走势作进一步的细致分析，可精准地挑选出具体的某一两个投注号码，并且可按位把组选号码修正为直选号码排列顺序进行投注，此方法是直选定位的有效方法之一。

二十一、斜3连配合热温冷走势的7码组合复式投注

首先，在排列三255期开奖前，依据近几期号码走势，本期我们看好组六号码。

表 5-23 中奖号码分布

期号	奖号	中奖号码分布									
		0	1	2	3	4	5	6	7	8	9
245	987								7	8	9
246	778								7	8	
247	065	0					5	6			
248	251		1	2			5				
249	461		1			4		6			
250	713		1		3				7		
251	494					4					9
252	451		1			4	5				
253	292			2							9
254	343				3	4					
255	430	0			3	4					

其次，我们从表 5-23 中看到 253 期号码 2 与 254 期的号码 3 构成斜 2 连，指向了未开出的 255 期的号码"4"，同时，254 期的号码 3 和 4 两者之一有望形成重号，因此，号码"4"开出的概率很高，我们把号码"4"重点选为本期的胆码。

最后，从中奖号码热温冷走势表中看到，号码"6"和号码"8"之前出现过热，现在正在转冷之中，估计还要经过几期遗漏，号码"9"的近期走势特征是出现后就要隔上几期的间隔，253 期号码"9"刚出现过，所以本期可以不考虑号码"9"的出现，同时，号码"6"和"8"也可排除掉。

通过上面的分析，可以把号码 6、8、9 排除掉，还剩下 0、1、2、3、4、5、7 一共 7 码，我们把这 7 码进行组六 7 码复式投注，从 7 码复式组合表里查到 0、1、2、3、4、5、7 组六复式一共是 35 注号码如下：

012、013、014、015、017、023、024 ；

025、027、034、035、037、045、047；

057、123、124、125、127、134、135 ；

137、145、147、157、234、235、237 ；

245、247、257、345、347、357、457。

最后把含有胆码4的号码挑选出来，它们是：

014、024、034、045、047、124、134、145、147、234、245、247、345、347、457，一共是15注，我们把这15注号码进行实战投注，结果，255期开奖号码为430，正包含在我们投注的15注号码当中。

有5-24 中奖号码热温冷走势

期号	奖号	0	1	2	3	4	5	6	7	8	9
238	127		1	2					7		
239	931		1		3						9
240	689							6		8	9
241	651		1				5	6			
242	678							6	7	8	
243	008	0								8	
244	350	0			3		5				
245	987								7	8	9
246	778								7	8	
247	065	0					5	6			
248	251		1	2			5				
249	461		1			4		6			
250	713		1		3				7		
251	494					4					9
252	451		1			4	5				
253	292			2							9
254	343				3	4					
255	?										

注：在最近7期的一个统计阶段内出现3期及3期以上的号码为热码；出现2期的号码为温码；出现1期以及0期的号码为冷码。采用热温冷分析方法的选码原则是先热后冷或热冷号进行搭配组合。

二十二、选三型彩票连号配合胆码选号投注

表 5-25　排列三连号非连号走势

期号	号码	和值	跨度	连号	非连号
307	586	19	3	●	
308	126	9	5	●	
309	225	9	3		●
310	794	20	5		●
311	841	13	7		●
312	664	16	2		●
313	314	8	3	●	
314	235	10	3	●	
315	497	20	5		●
316	214	7	3	●	
317	886	22	2		●
318	142	7	3	●	
319	419	14	8		●
320	349	16	6	●	
321	606	12	6		●
322	271	10	6	●	
323	840	12	8		●
324	173	11	6		●
325	668	20	2		●
326	363	12	3		●
327	?	?	?	?	

在 327 期购彩投注之前，首先从表 5-25 中可以看到，连号已经 4 期没有开出了，观察连号非连号近期走势特征，我们预测本期有希望开出连号。其次从开奖号码走势中我们看到，近期号码"6"正逐渐走热，前两期 325 期、326 期已连续开出号码"6"，构成 2 重号，本期有望形成 3 重号，因此，我们把号码"6"定为本期的胆码。

　　根据上面的分析，我们预计本期会开出连号，并且把"6"作为本期的独胆来筛选投注号码，从附表10选三型彩票含连号胆码分区表中，我们把胆码6包含的连号全部挑选出来，一共是25注，它们是：566、667、016、056、067、069、126、236、256、267、346、456、467、568、678、689、556、677、156、167、356、367、567、569、679。

　　根据前2期的和值走势，325期是20，326期是12，预计本期还将在中段区域徘徊，即在10~19内，那么我们把和值10~19的号码从这25注里挑选出来，它们是566、667、056、067、069、236、256、267、346、456、467、568、556、156、167、356、367、567，一共18注，只需投入36元。结果327期实际开奖号码为656，和值17，跨度1，是一个组三号码，正在我们所筛选的18注号码中。

第六章　选三型彩票4码7码复式投注方式

在这里向大家推荐介绍选三型彩票7码复式投注方法以及选号技巧，彩民朋友们在进行复式组合投注时，根据个人的喜好、习惯，4码、5码、6码、7码复式组合都会被采用。在实战中，5码、6码复式组合投入资金适中，有一定的中奖率，但相比7码复式组合，5码、6码复式组合时常会在投注时出现漏码现象，由于投注5码、6码复式组合前需先杀掉4个号码或5个号码，相比7码复式组合只需杀掉3个码，因而5码、6码复式组合的漏码率比7码复式组合要高。

在彩票加奖期间，多数彩民们都会针对组选加奖把投注重点放在组选复式上。加奖期间组选六的复式投注可以选择包5个、6个、7个、8个、9个号码，当然包的号越多，所需的投注资金越大。在加奖的情况下，买7码组选六是比较划算的。

通过实践验证7码复式组合是投入产出效率最高的，从盈利的角度看，7码复式的稳定性会更好一些。在实战中，我们不一定全部购买7码复式组合的35注组选六号码，可以配合其他指标进一步筛选，如跨度、和值、胆码等，最后把投注的总注数缩小到一个可以接受程度。

4码复式组合投注方法，适合于实战经验丰富玩彩水平较高的技术型彩民。由于4码复式单倍投注只需8元，成本低，收益高，因此只要能精准锁定胆码及出号范围，我们就可以采用4码复式来进行投注。4码复式组合一次投入只有8元，可连续多期进行投注，只要20期内有1期中奖，就不会出现亏损。4码复式组合投注方式主要适用于组选号码的投注，如果对所选号码比较有信心，还可以适当地倍投，以获取更大收益。

以下是几种 7 码复式组合的投注方式。

一、7 码组选六包号守号法

观察开奖号码走势图，当近期常开出大数号码时，接下来我们就可以选择"0、1、2、3、4、5、6"这 7 个小码，进行 7 码组选六全包投注，投注金额为 70 元，如中奖可得奖金 173 元，获净利 103 元。如当期未中出，则下期加一倍进行投注，之后投注倍数逐步增加，直至中出为止。

如近期常开出小数号码时，就将组选六包号的 7 码改为"3、4、5、6、7、8、9"7 个大码，投注方法与上面相同。投注时要确保连续跟进，可根据个人的资金情况，掌握好投注的倍数，直至中出为止。一般情况下，当连续 7~8 期开出大号或开出小号时，我们就可以考虑采用组选六 7 码全包号投注策略进行投注。

二、看走势 7 码组六组合全包投注

7 码组六复式组合战法可用于 3D、排列三的购买，但更适合于时时彩的购彩投注，时时彩一天开奖 23 次，一般情况下每天有 15 次以上搏组六的机会，所以选择投注组六号码组合是时时彩中的常用战法。

在实战中，买 7 个号的组选六全包投注，一共 35 注号码，投入 70 元，中奖可得 173 元，不倍投的情况下可获净利 103 元，如倍投的话奖金翻倍。7 码组六复式组合战法每期需杀掉 3 个号，杀号的方法有很多，直接看走势图选号杀号也行。另外，7 码组六组合投注时应避开组三频繁开出期间，比如当连续 2~3 期开出组三号码或者 8 期内开出了 4、5 期组三之后，就可以准备着手购买组六了。

例如，排列三 255 期开奖前，首先我们从中奖号码分布表中看到 253 期号码双 2 与 254 期的号码双 3 同时构成了斜 2 连 2-3，指向了未开出的 255 期的号码"4"，因此，本期形成潜在斜 3 连 2-3-4 的可能性很大，我们把号码"4"重点选为本期的胆码。

表 6-1　中奖号码走势

期号	奖号	中奖号码分布									
		0	1	2	3	4	5	6	7	8	9
238	127		1	2					7		
239	931		1		3						9
240	689							6		8	9
241	651		1				5	6			
242	678							6	7	8	
243	008	⓪								8	
244	350	0			3		5				
245	987								7	8	9
246	778								⑦	8	
247	065	0					5	6			
248	251		1	2			5				
249	461		1			4		6			
250	713		1		3				7		
251	494					④					9
252	451		1			4	5				
253	292			②							9
254	343				③	4					
255	?										

从表 6-1 中看到，号码"1"和号码"5"近期处于过热状态，应该会有几期遗漏再出现，从号码"9"的近期走势特征看，是出现后就要隔上几期的间隔，253 期号码"9"刚出现过，所以本期可以不考虑号码"9"的出现，同时，号码"1"和"5"也可排除掉。

通过上面的分析，本期可以杀掉 3 个号码 1、5、9，那么剩下的号码是 0、2、3、4、6、7、8 一共 7 码，接下来我们从 7 码复式组合表里查到 0、2、3、4、6、7、8，7 码复式组六号码一共是 35 注，如下：

023、024、026、027、028、034、036；

037、038、046、047、048、067、068；

078、234、236、237、238、246、247；

248、267、268、278、346、347、348；

367、368、378、467、468、478、678。

最后把含有胆码 4 的号码挑选出来，它们分别是：024、034、046、047、048、234、246、247、248、346、347、348、467、468、478，一共是 15 注号码，结果，255 期开奖号码为 430，正包含在我们投注的 15 注号码中。

在实战中，彩民们要记住，分析参考的指标越多，出错的可能性就越大，所以，尽量简化分析步骤，力争做到只用一两个分析指标就拿下奖号。

以下为全部 7 码组选复式号码组合。

0123456　0123457　0123458　0123459　0123467　0123468

0123456	**0123459**
组选六	组选六

组选六

012	013	014	015	016	023	024
025	026	034	035	036	045	046
056	123	124	125	126	134	135
136	145	146	156	234	235	236
245	246	256	345	346	356	456

组选三

011	001	022	002	033	003	044
004	055	005	066	006	122	112
133	113	144	114	155	115	166
116	233	223	244	224	255	225
266	226	344	334	355	335	366
336	455	445	466	446	566	556

0123459

组选六

012	013	014	015	019	023	024
025	029	034	035	039	045	049
059	123	124	125	129	134	135
139	145	149	159	234	235	239
245	249	259	345	349	359	459

组选三

011	001	022	002	033	003	044
004	055	005	099	009	122	112
133	113	144	114	155	115	199
119	233	223	244	224	255	225
299	229	344	334	355	335	399
339	455	445	499	449	599	559

0123457

组选六

012	013	014	015	017	023	024
025	027	034	035	037	045	047
057	123	124	125	127	134	135
137	145	147	157	234	235	237
245	247	257	345	347	357	457

组选三

011	001	022	002	033	003	044
004	055	005	077	007	122	112
133	113	144	114	155	115	177
117	233	223	244	224	255	225
277	227	344	334	355	335	377
337	455	445	477	447	577	557

0123467

组选六

012	013	014	016	017	023	024
026	027	034	036	037	046	047
067	123	121	261	271	134	136
137	146	147	167	234	236	237
246	247	267	346	347	367	467

组选三

011	001	022	002	033	003	044
004	066	006	077	007	122	112
133	113	144	114	166	116	177
117	233	223	244	224	266	226
277	227	344	334	366	336	377
337	466	446	477	447	677	667

0123458

组选六

012	013	014	015	018	023	024
025	028	034	035	038	045	048
058	123	124	125	128	134	135
138	145	148	158	234	235	238
245	248	258	345	348	358	458

组选三

011	001	022	002	033	003	044
004	055	005	088	008	122	112
133	113	144	114	155	115	188
118	233	223	244	224	255	225
288	228	344	334	355	335	388
338	455	445	488	448	588	558

0123468

组选六

012	013	014	016	018	023	024
026	028	034	036	038	046	048
068	123	124	126	128	134	136
138	146	148	168	234	236	238
246	248	268	346	348	368	468

组选三

011	001	022	002	033	003	044
004	066	006	088	008	122	112
133	113	144	114	166	116	188
118	233	223	244	224	266	226
288	228	344	334	366	336	388
338	466	446	488	448	688	668

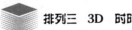

0123469 0123478 0123479 0123489 0123567 0123568

0123469	**0123489**

组选六

012 013 014 016 019 023 024	012 013 014 018 019 023 024
026 029 034 036 039 046 049	028 029 034 038 039 048 049
069 123 124 126 129 134 136	089 123 124 128 129 134 138
139 146 149 169 234 236 239	139 148 149 189 234 238 239
246 249 269 346 349 369 469	248 249 289 348 349 389 489

组选三

011 001 022 002 033 003 044	011 001 022 002 033 003 044
004 066 006 099 009 122 112	004 088 008 099 009 122 112
133 113 144 114 166 116 199	133 113 144 114 188 118 199
119 233 223 244 224 266 226	119 233 223 244 224 288 228
299 229 344 334 366 336 399	299 229 344 334 388 338 399
339 466 446 499 449 699 669	339 488 448 499 449 899 889

0123478	**0123567**

组选六

012 013 014 017 018 023 024	012 013 015 016 017 023 025
027 028 034 037 038 047 048	026 027 035 036 037 056 057
078 123 124 127 128 134 137	067 123 125 126 127 135 136
138 147 148 178 234 237 238	137 156 157 167 235 236 237
247 248 278 347 348 378 478	256 257 267 356 357 367 567

组选三

011 001 022 002 033 003 044	011 001 022 002 033 003 055
004 077 007 088 008 122 112	005 066 006 077 007 122 112
133 113 144 114 177 117 188	133 113 155 115 166 116 177
118 233 223 244 224 277 227	117 233 223 255 225 266 226
288 228 344 334 377 337 388	277 227 355 335 366 336 377
338 477 447 488 448 788 778	337 566 556 577 557 677 667

0123479	**0123568**

组选六

012 013 014 017 019 023 024	012 013 015 016 018 023 025
027 029 034 037 039 047 049	026 028 035 036 038 056 058
079 123 124 127 129 134 137	068 123 125 126 128 135 136
139 147 149 179 234 237 239	138 156 158 168 235 236 238
247 249 279 347 349 379 479	256 258 268 356 358 368 568

组选三

011 001 022 002 033 003 044	011 001 022 002 033 003 055
004 077 007 099 009 122 112	005 066 006 088 008 122 112
133 113 144 114 177 117 199	133 113 155 115 166 116 188
119 233 223 244 224 277 227	118 233 223 255 225 266 226
299 229 344 334 377 337 399	288 228 355 335 366 336 388
339 477 447 499 449 799 779	338 566 556 588 558 688 668

0123569 0123578 0123579 0123589 0123678 0123679

0123569	**0123589**
组选六	组选六

012	013	015	016	019	023	025	012	013	015	018	019	023	025

组选六 (0123569):
012 013 015 016 019 023 025
026 029 035 036 039 056 059
069 123 125 126 129 135 136
139 156 159 169 235 236 239
256 259 269 356 359 369 569

组选三 (0123569):
011 001 022 002 033 003 055
005 066 006 099 009 122 112
133 113 155 115 166 116 199
119 233 223 255 225 266 226
299 229 355 335 366 336 399
339 566 556 599 559 699 669

组选六 (0123589):
012 013 015 018 019 023 025
028 029 035 038 039 058 059
089 123 125 128 129 135 138
139 158 159 189 235 238 239
258 259 289 358 359 389 589

组选三 (0123589):
011 001 022 002 033 003 055
005 088 008 099 009 122 112
133 113 155 115 188 118 199
119 233 223 255 225 288 228
299 229 355 335 388 338 399
339 588 558 599 559 899 889

0123578	**0123678**
组选六	组选六

组选六 (0123578):
012 013 015 017 018 023 025
027 028 035 037 038 057 058
078 123 125 127 128 135 137
138 157 158 178 235 237 238
257 258 278 357 358 378 578

组选三 (0123578):
011 001 022 002 033 003 055
005 077 007 088 008 122 112
133 113 155 115 177 117 188
118 233 223 255 225 277 227
288 228 355 335 377 337 388
338 577 557 588 558 788 778

组选六 (0123678):
012 013 016 017 018 023 026
027 028 036 037 038 067 068
078 123 126 127 128 136 137
138 167 168 178 236 237 238
267 268 278 367 368 378 678

组选三 (0123678):
011 001 022 002 033 003 066
006 077 007 088 008 122 112
133 113 166 116 177 117 188
118 233 223 266 226 277 227
288 228 366 336 377 337 388
338 677 667 688 668 788 778

0123579	**0123679**
组选六	组选六

组选六 (0123579):
012 013 015 017 019 023 025
027 029 035 037 039 057 059
079 123 125 127 129 135 137
139 157 159 179 235 237 239
257 259 279 357 359 379 579

组选三 (0123579):
011 001 022 002 033 003 055
005 077 007 099 009 122 112
133 113 155 115 177 117 199
119 233 223 255 225 277 227
299 229 355 335 377 337 399
339 577 557 599 559 799 779

组选六 (0123679):
012 013 016 017 019 023 026
027 029 036 037 039 067 069
079 123 126 127 129 136 137
139 167 169 179 236 237 239
267 269 279 367 369 379 679

组选三 (0123679):
011 001 022 002 033 003 066
006 077 007 099 009 122 112
133 113 166 116 177 117 199
119 233 223 266 226 277 227
299 229 366 336 377 337 399
339 677 667 699 669 799 779

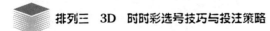

0123689　0123789　0124567　0124568　0124569　0124578

0123689							**0124568**						
组选六							组选六						
012	013	016	018	019	023	026	012	014	015	016	018	024	025
028	029	036	038	039	068	069	026	028	045	046	048	056	058
089	123	126	128	129	136	138	068	124	125	126	128	145	146
139	168	169	189	236	238	239	148	156	158	168	245	246	248
268	269	289	368	369	389	689	256	258	268	456	458	468	568
组选三							组选三						
011	001	022	002	033	003	066	011	001	022	002	044	004	055
006	088	008	099	009	122	112	005	066	006	088	008	122	112
133	113	166	116	188	118	199	144	114	155	115	166	116	188
119	233	223	266	226	288	228	118	244	224	255	225	266	226
299	229	366	336	388	338	399	288	228	455	445	466	446	488
339	688	668	699	669	899	889	448	566	556	588	558	688	668
0123789							**0124569**						
组选六							组选六						
012	013	017	018	019	023	027	012	014	015	016	019	024	025
028	029	037	038	039	078	079	026	029	045	046	049	056	059
089	123	127	128	129	137	138	069	124	125	126	129	145	146
139	178	179	189	237	238	239	149	156	159	169	245	246	249
278	279	289	378	379	389	789	256	259	269	456	459	469	569
组选三							组选三						
011	001	022	002	033	003	077	011	001	022	002	044	004	055
007	088	008	099	009	122	112	005	066	006	099	009	122	112
133	113	177	117	188	118	199	144	114	155	115	166	116	199
119	233	223	277	227	288	228	119	244	224	255	225	266	226
299	229	377	337	388	338	399	299	229	455	445	466	446	499
339	788	778	799	779	899	889	449	566	556	599	559	699	669
0124567							**0124578**						
组选六							组选六						
012	014	015	016	017	024	025	012	014	015	017	018	024	025
026	027	045	046	047	056	057	027	028	045	047	048	057	058
067	124	125	126	127	145	146	078	124	125	127	128	145	147
147	156	157	167	245	246	247	148	157	158	178	245	247	248
256	257	267	456	457	467	567	257	258	278	457	458	478	578
组选三							组选三						
011	001	022	002	044	004	055	011	001	022	002	044	004	055
005	066	006	077	007	122	112	005	077	007	088	008	122	112
144	114	155	115	166	116	177	144	114	155	115	177	117	188
117	244	224	255	225	266	226	118	244	224	255	225	277	227
277	227	455	445	466	446	477	288	228	455	445	477	447	488
447	566	556	577	557	677	667	448	577	557	588	558	788	778

0124579　0124589　0124678　0124679　0124689　0124789

0124579

组选六

012	014	015	017	019	024	025
027	029	045	047	049	057	059
079	124	125	127	129	145	147
149	157	159	179	245	247	249
257	259	279	457	459	479	579

组选三

011	001	022	002	044	004	055
005	077	007	099	009	122	112
144	114	155	115	177	117	199
119	244	224	255	225	277	227
299	229	455	445	477	447	499
449	577	557	599	559	799	779

0124589

组选六

012	014	015	018	019	024	025
028	029	045	048	049	058	059
089	124	125	128	129	145	148
149	158	159	189	245	248	249
258	259	289	458	459	489	589

组选三

011	001	022	002	044	004	055
005	088	008	099	009	122	112
144	114	155	115	188	118	199
119	244	224	255	225	288	228
299	229	455	445	488	448	499
449	588	558	599	559	899	889

0124678

组选六

012	014	016	017	018	024	026
027	028	046	047	048	067	068
078	124	126	127	128	146	147
148	167	168	178	246	247	248
267	268	278	467	468	478	678

组选三

011	001	022	002	044	004	066
006	077	007	088	008	122	112
144	114	166	116	177	117	188
118	244	224	266	226	277	227
288	228	466	446	477	447	488
448	677	667	688	668	788	778

0124679

组选六

012	014	016	017	019	024	026
027	029	046	047	049	067	069
079	124	126	127	129	146	147
149	167	169	179	246	247	249
267	269	279	467	469	479	679

组选三

011	001	022	002	044	004	066
006	077	007	099	009	122	112
144	114	166	116	177	117	199
119	244	224	266	226	277	227
299	229	466	446	477	447	499
449	677	667	699	669	799	779

0124689

组选六

012	014	016	018	019	024	026
028	029	046	048	049	068	069
089	124	126	128	129	146	148
149	168	169	189	246	248	249
268	269	289	468	469	489	689

组选三

011	001	022	002	044	004	066
006	088	008	099	009	122	112
144	114	166	116	188	118	199
119	244	224	266	226	288	228
299	229	466	446	488	448	499
449	688	668	699	669	899	889

0124789

组选六

012	014	017	018	019	024	027
028	029	047	048	049	078	079
089	124	127	128	129	147	148
149	178	179	189	247	248	249
278	279	289	478	479	489	789

组选三

011	001	022	002	044	004	077
007	088	008	099	009	122	112
144	114	177	117	188	118	199
119	244	224	277	227	288	228
299	229	477	447	488	448	499
449	788	778	799	779	899	889

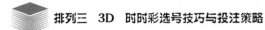

0125678 0125679 0125689 0125789 0126789 0134567

0125678							**0125789**						
组选六							组选六						
012	015	016	017	018	025	026	012	015	017	018	019	025	027
027	028	056	057	058	067	068	028	029	057	058	059	078	079
078	125	126	127	128	156	157	089	125	127	128	129	157	158
158	167	168	178	256	257	258	159	178	179	189	257	258	259
267	268	278	567	568	578	678	278	279	289	578	579	589	789
组选三							组选三						
011	001	022	002	055	005	066	011	001	022	002	055	005	077
006	077	007	088	008	122	112	007	088	008	099	009	122	112
155	115	166	116	177	117	188	155	115	177	117	188	118	199
118	255	225	266	226	277	227	119	255	225	277	227	288	228
288	228	566	556	577	557	588	299	229	577	557	588	558	599
558	677	667	688	668	788	778	559	788	778	799	779	899	889

0125679							**0126789**						
组选六							组选六						
012	015	016	017	019	025	026	012	016	017	018	019	026	027
027	029	056	057	059	067	069	028	029	067	068	069	078	079
079	125	126	127	129	156	157	089	126	127	128	129	167	168
159	167	169	179	256	257	259	169	178	179	189	267	268	269
267	269	279	567	569	579	679	278	279	289	678	679	689	789
组选三							组选三						
011	001	022	002	055	005	066	011	001	022	002	066	006	077
006	077	007	099	009	122	112	007	088	008	099	009	122	112
155	115	166	116	177	117	199	166	116	177	117	188	118	199
119	255	225	266	226	277	227	119	266	226	277	227	288	228
299	229	566	556	577	557	599	299	229	677	667	688	668	699
559	677	667	699	669	799	779	669	788	778	799	779	899	889

0125689							**0134567**						
组选六							组选六						
012	015	016	018	019	025	026	013	014	015	016	017	034	035
028	029	056	058	059	068	069	036	037	045	046	047	056	057
089	125	126	128	129	156	158	067	134	135	136	137	145	146
159	168	169	189	256	258	259	147	156	157	167	345	346	347
268	269	289	568	569	589	689	356	357	367	456	457	467	567
组选三							组选三						
011	001	022	002	055	005	066	011	001	033	003	044	004	055
006	088	008	099	009	122	112	005	066	006	077	007	133	113
155	115	166	116	188	118	199	144	114	155	115	166	116	177
119	255	225	266	226	288	228	117	344	334	355	335	366	336
299	229	566	556	588	558	599	377	337	455	445	466	446	477
559	688	668	699	669	899	889	447	566	556	577	557	677	667

0134568 0134569 0134578 0134579 0134589 0134678

0134568

组选六

013 014 015 016 018 034 035
036 038 045 046 048 056 058
068 134 135 136 138 145 146
148 156 158 168 345 346 348
356 358 368 456 458 468 568

组选三

011 001 033 003 044 004 055
005 066 006 088 008 133 113
144 114 155 115 166 116 188
118 344 334 355 335 366 336
388 338 455 445 466 446 488
448 566 556 588 558 688 668

0134569

组选六

013 014 015 016 019 034 035
036 039 045 046 049 056 059
069 134 135 136 139 145 146
149 156 159 169 345 346 349
356 359 369 456 459 469 569

组选三

011 001 033 003 044 004 055
005 066 006 099 009 133 113
144 114 155 115 166 116 199
119 344 334 355 335 366 336
399 339 455 445 466 446 499
449 566 556 599 559 699 669

0134578

组选六

013 014 015 017 018 034 035
037 038 045 047 048 057 058
078 134 135 137 138 145 147
148 157 158 178 345 347 348
357 358 378 457 458 478 578

组选三

011 001 033 003 044 004 055
005 077 007 088 008 133 113
144 114 155 115 177 117 188
118 344 334 355 335 377 337
388 338 455 445 477 447 488
448 577 557 588 558 788 778

0134579

组选六

013 014 015 017 019 034 035
037 039 045 047 049 057 059
079 134 135 137 139 145 147
149 157 159 179 345 347 349
357 359 379 457 459 479 579

组选三

011 001 033 003 044 004 055
005 077 007 099 009 133 113
144 114 155 115 177 117 199
119 344 334 355 335 377 337
399 339 455 445 477 447 499
449 577 557 599 559 799 779

0134589

组选六

013 014 015 018 019 034 035
038 039 045 048 049 058 059
089 134 135 138 139 145 148
149 158 159 189 345 348 349
358 359 389 458 459 489 589

组选三

011 001 033 003 044 004 055
005 088 008 099 009 133 113
144 114 155 115 188 118 199
119 344 334 355 335 388 338
399 339 455 445 488 448 499
449 588 558 599 559 899 889

0134678

组选六

013 014 016 017 018 034 036
037 038 046 047 048 067 068
078 134 136 137 138 146 147
148 167 168 178 346 347 348
367 368 378 467 468 478 678

组选三

011 001 033 003 044 004 066
006 077 007 088 008 133 113
144 114 166 116 177 117 188
118 344 334 366 336 377 337
388 338 466 446 477 447 488
448 677 667 688 668 788 778

0134679　0134689　0134789　0135678　0135679　0135689

0134679	0135678

0134679

组选六

013　014　016　017　019　034　036
037　039　046　047　049　067　069
079　134　136　137　139　146　147
149　167　169　179　346　347　349
367　369　379　467　469　479　679

组选三

011　001　033　003　044　004　066
006　077　007　099　009　133　113
144　114　166　116　177　117　199
119　344　334　366　336　377　337
399　339　466　446　477　447　499
449　677　667　699　669　799　779

0135678

组选六

013　015　016　017　018　035　036
037　038　056　057　058　067　068
078　135　136　137　138　156　157
158　167　168　178　356　357　358
367　368　378　567　568　578　678

组选三

011　001　033　003　055　005　066
006　077　007　088　008　133　113
155　115　166　116　177　117　188
118　355　335　366　336　377　337
388　338　566　556　577　557　588
558　677　667　688　668　788　778

0134689

组选六

013　014　016　018　019　034　036
038　039　046　048　049　068　069
089　134　136　138　139　146　148
149　168　169　189　346　348　349
368　369　389　468　469　489　689

组选三

011　001　033　003　044　004　066
006　088　008　099　009　133　113
144　114　166　116　188　118　199
119　344　334　366　336　388　338
399　339　466　446　488　448　499
449　688　668　699　669　899　889

0135679

组选六

013　015　016　017　019　035　036
037　039　056　057　059　067　069
079　135　136　137　139　156　157
159　167　169　179　356　357　359
367　369　379　567　569　579　679

组选三

011　001　033　003　055　005　066
006　077　007　099　009　133　113
155　115　166　116　177　117　199
119　355　335　366　336　377　337
399　339　566　556　577　557　599
559　677　667　699　669　799　779

0134789

组选六

013　014　017　018　019　034　037
038　039　047　048　049　078　079
089　134　137　138　139　147　148
149　178　179　189　347　348　349
378　379　389　478　479　489　789

组选三

011　001　033　003　044　004　077
007　088　008　099　009　133　113
144　114　177　117　188　118　199
119　344　334　377　337　388　338
399　339　477　447　488　448　499
449　788　778　799　779　899　889

0135689

组选六

013　015　016　018　019　035　036
038　039　056　058　059　068　069
089　135　136　138　139　156　158
159　168　169　189　356　358　359
368　369　389　568　569　589　689

组选三

011　001　033　003　055　005　066
006　088　008　099　009　133　113
155　115　166　116　188　118　199
119　355　335　366　336　388　338
399　339　566　556　588　558　599
559　688　668　699　669　899　889

0135789　0136789　0145678　0145679　0145689　0145789

0135789

组选六

013　015　017　018　019　035　037
038　039　057　058　059　078　079
089　135　137　138　139　157　158
159　178　179　189　357　358　359
378　379　389　578　579　589　789

组选三

011　001　033　003　055　005　077
007　088　008　099　009　133　113
155　115　177　117　188　118　199
119　355　335　377　337　388　338
399　339　577　557　588　558　599
559　788　778　799　779　899　889

0136789

组选六

013　016　017　018　019　036　037
038　039　067　068　069　078　079
089　136　137　138　139　167　168
169　178　179　189　367　368　369
378　379　389　678　679　689　789

组选三

011　001　033　003　066　006　077
007　088　008　099　009　133　113
166　116　177　117　188　118　199
119　366　336　377　337　388　338
399　339　677　667　688　668　699
669　788　778　799　779　899　889

0145678

组选六

014　015　016　017　018　045　046
047　048　056　057　058　067　068
078　145　146　147　148　156　157
158　167　168　178　456　457　458
467　468　478　567　568　578　678

组选三

011　001　044　004　055　005　066
006　077　007　088　008　144　114
155　115　166　116　177　117　188
118　455　445　466　446　477　447
488　448　566　556　577　557　588
558　677　667　688　668　788　778

0145679

组选六

014　015　016　017　019　045　046
047　049　056　057　059　067　069
079　145　146　147　149　156　157
159　167　169　179　456　457　459
467　469　479　567　569　579　679

组选三

011　001　044　004　055　005　066
006　077　007　099　009　144　114
155　115　166　116　177　117　199
119　455　445　466　446　477　447
499　449　566　556　577　557　599
559　677　667　699　669　799　779

0145689

组选六

014　015　016　018　019　045　046
048　049　056　058　059　068　069
089　145　146　148　149　156　158
159　168　169　189　456　458　459
468　469　489　568　569　589　689

组选三

011　001　044　004　055　005　066
006　088　008　099　009　144　114
155　115　166　116　188　118　199
119　455　445　466　446　488　448
499　449　566　556　588　558　599
559　688　668　699　669　899　889

0145789

组选六

014　015　017　018　019　045　047
048　049　057　058　059　078　079
089　145　147　148　149　157　158
159　178　179　189　457　458　459
478　479　489　578　579　589　789

组选三

011　001　044　004　055　005　077
007　088　008　099　009　144　114
155　115　177　117　188　118　199
119　455　445　477　447　488　448
499　449　577　557　588　558　599
559　788　778　799　779　899　889

0146789 0156789 0234567 0234568 0234569 0234578

0146789

组选六

014	016	017	018	019	046	047
048	049	067	068	069	078	079
089	146	147	148	149	167	168
169	178	179	189	467	468	469
478	479	489	678	679	689	789

组选三

011	001	044	004	066	006	077
007	088	008	099	009	144	114
166	116	177	117	188	118	199
119	466	446	477	447	488	448
499	449	677	667	688	668	699
669	788	778	799	779	899	889

0156789

组选六

015	016	017	018	019	056	057
058	059	067	068	069	078	079
089	156	157	158	159	167	168
169	178	179	189	567	568	569
578	579	589	678	679	689	789

组选三

011	001	055	005	066	006	077
007	088	008	099	009	155	115
166	116	177	117	188	118	199
119	566	556	577	557	588	558
599	559	677	667	688	668	699
669	788	778	799	779	899	889

0234567

组选六

023	024	025	026	027	034	035
036	037	045	046	047	056	057
067	234	235	236	237	245	246
247	256	257	267	345	346	347
356	357	367	456	457	467	567

组选三

022	002	033	003	044	004	055
005	066	006	077	007	233	223
244	224	255	225	266	226	277
227	344	334	355	335	366	336
377	337	455	445	466	446	477
447	566	556	577	557	677	667

0234568

组选六

023	024	025	026	028	034	035
036	038	045	046	048	056	058
068	234	235	236	238	245	246
248	256	258	268	345	346	348
356	358	368	456	458	468	568

组选三

022	002	033	003	044	004	055
005	066	006	088	008	233	223
244	224	255	225	266	226	288
228	344	334	355	335	366	336
388	338	455	445	466	446	488
448	566	556	588	558	688	668

0234569

组选六

023	024	025	026	029	034	035
036	039	045	046	049	056	059
069	234	235	236	239	245	246
249	256	259	269	345	346	349
356	359	369	456	459	469	569

组选三

022	002	033	003	044	004	055
005	066	006	099	009	233	223
244	224	255	225	266	226	299
229	344	334	355	335	366	336
399	339	455	445	466	446	499
449	566	556	599	559	699	669

0234578

组选六

023	024	025	027	028	034	035
037	038	045	047	048	057	058
078	234	235	237	238	245	247
248	257	258	278	345	347	348
357	358	378	457	458	478	578

组选三

022	002	033	003	044	004	055
005	077	007	088	008	233	223
244	224	255	225	277	227	288
228	344	334	355	335	377	337
388	338	455	445	477	447	488
448	577	557	588	558	788	778

0234579 0234589 0234678 0234679 0234689 0234789

0234579	0234679
组选六	**组选六**
023 024 025 027 029 034 035	023 024 026 027 029 034 036
037 039 045 047 049 057 059	037 039 046 047 049 067 069
079 234 235 237 239 245 247	079 234 236 237 239 246 247
249 257 259 279 345 347 349	249 267 269 279 346 347 349
357 359 379 457 459 479 579	367 369 379 467 469 479 679
组选三	**组选三**
022 002 033 003 044 004 055	022 002 033 003 044 004 066
005 077 007 099 009 233 223	006 077 007 099 009 233 223
244 224 255 225 277 227 299	244 224 266 226 277 227 299
229 344 334 355 335 377 337	229 344 334 366 336 377 337
399 339 455 445 477 447 499	399 339 466 446 477 447 499
449 577 557 599 559 799 779	449 677 667 699 669 799 779
0234589	**0234689**
组选六	**组选六**
023 024 025 028 029 034 035	023 024 026 028 029 034 036
038 039 045 048 049 058 059	038 039 046 048 049 068 069
089 234 235 238 239 245 248	089 234 236 238 239 246 248
249 258 259 289 345 348 349	249 268 269 289 346 348 349
358 359 389 458 459 489 589	368 369 389 468 469 489 689
组选三	**组选三**
022 002 033 003 044 004 055	022 002 033 003 044 004 066
005 088 008 099 009 233 223	006 088 008 099 009 233 223
244 224 255 225 288 228 299	244 224 266 226 288 228 299
229 344 334 355 335 388 338	229 344 334 366 336 388 338
399 339 455 445 488 448 499	399 339 466 446 488 448 499
449 588 558 599 559 899 889	449 688 668 699 669 899 889
0234678	**0234789**
组选六	**组选六**
023 024 026 027 028 034 036	023 024 027 028 029 034 037
037 038 046 047 048 067 068	038 039 047 048 049 078 079
078 234 236 237 238 246 247	089 234 237 238 239 247 248
248 267 268 278 346 347 348	249 278 279 289 347 348 349
367 368 378 467 468 478 678	378 379 389 478 479 489 789
组选三	**组选三**
022 002 033 003 044 004 066	022 002 033 003 044 004 077
006 077 007 088 008 233 223	007 088 008 099 009 233 223
244 224 266 226 277 227 288	244 224 277 227 288 228 299
228 344 334 366 336 377 337	229 344 334 377 337 388 338
388 338 466 446 477 447 488	399 339 477 447 488 448 499
448 677 667 688 668 788 778	449 788 778 799 779 899 889

0235678　0235679　0235689　0235789　0236789　0245678

0235678							**0235789**					
组选六							组选六					
023	025	026	027	028	035	036	023	025	027	028	029	035	037
037	038	056	057	058	067	068	038	039	057	058	059	078	079
078	235	236	237	238	256	257	089	235	237	238	239	257	258
258	267	268	278	356	357	358	259	278	279	289	357	358	359
367	368	378	567	568	578	678	378	379	389	578	579	589	789
组选三							组选三					
022	002	033	003	055	005	066	022	002	033	003	055	005	077
006	077	007	088	008	233	223	007	088	008	099	009	233	223
255	225	266	226	277	227	288	255	225	277	227	288	228	299
228	355	335	366	336	377	337	229	355	335	377	337	388	338
388	338	566	556	577	557	588	399	339	577	557	588	558	599
558	677	667	688	668	788	778	559	788	778	799	779	899	889

0235679							**0236789**					
组选六							组选六					
023	025	026	027	029	035	036	023	026	027	028	029	036	037
037	039	056	057	059	067	069	038	039	067	068	069	078	079
079	235	236	237	239	256	257	089	236	237	238	239	267	268
259	267	269	279	356	357	359	269	278	279	289	367	368	369
367	369	379	567	569	579	679	378	379	389	678	679	689	789
组选三							组选三					
022	002	033	003	055	005	066	022	002	033	003	066	006	077
006	077	007	099	009	233	223	007	088	008	099	009	233	223
255	225	266	226	277	227	299	266	226	277	227	288	228	299
229	355	335	366	336	377	337	229	366	336	377	337	388	338
399	339	566	556	577	557	599	399	339	677	667	688	668	699
559	677	667	699	669	799	779	669	788	778	799	779	899	889

0235689							**0245678**					
组选六							组选六					
023	025	026	028	029	035	036	024	025	026	027	028	045	046
038	039	056	058	059	068	069	047	048	056	057	058	067	068
089	235	236	238	239	256	258	078	245	246	247	248	256	257
259	268	269	289	356	358	359	258	267	268	278	456	457	458
368	369	389	568	569	589	689	467	468	478	567	568	578	678
组选三							组选三					
022	002	033	003	055	005	066	022	002	044	004	055	005	066
006	088	008	099	009	233	223	006	077	007	088	008	244	224
255	225	266	226	288	228	299	255	225	266	226	277	227	288
229	355	335	366	336	388	338	228	455	445	466	446	477	447
399	339	566	556	588	558	599	488	448	566	556	577	557	588
559	688	668	699	669	899	889	558	677	667	688	668	788	778

0245679　0245689　0245789　0246789　0256789　0345678

0245679	**0246789**
组选六	组选六

组选六
024 025 026 027 029 045 046
047 049 056 057 059 067 069
079 245 246 247 249 256 257
259 267 269 279 456 457 459
467 469 479 567 569 579 679

组选三
022 002 044 004 055 005 066
006 077 007 099 009 244 224
255 225 266 226 277 227 299
229 455 445 466 446 477 447
499 449 566 556 577 557 599
559 677 667 699 669 799 779

0246789

组选六
024 026 027 028 029 046 047
048 049 067 068 069 078 079
089 246 247 248 249 267 268
269 278 279 289 467 468 469
478 479 489 678 679 689 789

组选三
022 002 044 004 066 006 077
007 088 008 099 009 244 224
266 226 277 227 288 228 299
229 466 446 477 447 488 448
499 449 677 667 688 668 699
669 788 778 799 779 899 889

0245689

组选六
024 025 026 028 029 045 046
048 049 056 058 059 068 069
089 245 246 248 249 256 258
259 268 269 289 456 458 459
468 469 489 568 569 589 689

组选三
022 002 044 004 055 005 066
006 088 008 099 009 244 224
255 225 266 226 288 228 299
229 455 445 466 446 488 448
499 449 566 556 588 558 599
559 688 668 699 669 899 889

0256789

组选六
025 026 027 028 029 056 057
058 059 067 068 069 078 079
089 256 257 258 259 267 268
269 278 279 289 567 568 569
578 579 589 678 679 689 789

组选三
022 002 055 005 066 006 077
007 088 008 099 009 255 225
266 226 277 227 288 228 299
229 566 556 577 557 588 558
599 559 677 667 688 668 699
669 788 778 799 779 899 889

0245789

组选六
024 025 027 028 029 045 047
048 049 057 058 059 078 079
089 245 247 248 249 257 258
259 278 279 289 457 458 459
478 479 489 578 579 589 789

组选三
022 002 044 004 055 005 077
007 088 008 099 009 244 224
255 225 277 227 288 228 299
229 455 445 477 447 488 448
499 449 577 557 588 558 599
559 788 778 799 779 899 889

0345678

组选六
034 035 036 037 038 045 046
047 048 056 057 058 067 068
078 345 346 347 348 356 357
358 367 368 378 456 457 458
467 468 478 567 568 578 678

组选三
033 003 044 004 055 005 066
006 077 007 088 008 344 334
355 335 366 336 377 337 388
338 455 445 466 446 477 447
488 448 566 556 577 557 588
558 677 667 688 668 788 778

0345679 0345689 0345789 0346789 0356789 0456789

0345679	**0346789**

0345679

组选六

034 035 036 037 039 045 046
047 049 056 057 059 067 069
079 345 346 347 349 356 357
359 367 369 379 456 457 459
467 469 479 567 569 579 679

组选三

033 003 044 004 055 005 066
006 077 007 099 009 344 334
355 335 366 336 377 337 399
339 455 445 466 446 477 447
499 449 566 556 577 557 599
559 677 667 699 669 799 779

0346789

组选六

034 036 037 038 039 046 047
048 049 067 068 069 078 079
089 346 347 348 349 367 368
369 378 379 389 467 468 469
478 479 489 678 679 689 789

组选三

033 003 044 004 066 006 077
007 088 008 099 009 344 334
366 336 377 337 388 338 399
339 466 446 477 447 488 448
499 449 677 667 688 668 699
669 788 778 799 779 899 889

0345689

组选六

034 035 036 038 039 045 046
048 049 056 058 059 068 069
089 345 346 348 349 356 358
359 368 369 389 456 458 459
468 469 489 568 569 589 689

组选三

033 003 044 004 055 005 066
006 088 008 099 009 344 334
355 335 366 336 388 338 399
339 455 445 466 446 488 448
499 449 566 556 588 558 599
559 688 668 699 669 899 889

0356789

组选六

035 036 037 038 039 056 057
058 059 067 068 069 078 079
089 356 357 358 359 367 368
369 378 379 389 567 568 569
578 579 589 678 679 689 789

组选三

033 003 055 005 066 006 077
007 088 008 099 009 355 335
366 336 377 337 388 338 399
339 566 556 577 557 588 558
599 559 677 667 688 668 699
669 788 778 799 779 899 889

0345789

组选六

034 035 037 038 039 045 047
048 049 057 058 059 078 079
089 345 347 348 349 357 358
359 378 379 389 457 458 459
478 479 489 578 579 589 789

组选三

033 003 044 004 055 005 077
007 088 008 099 009 344 334
355 335 377 337 388 338 399
339 455 445 477 447 488 448
499 449 577 557 588 558 599
559 788 778 799 779 899 889

0456789

组选六

045 046 047 048 049 056 057
058 059 067 068 069 078 079
089 456 457 458 459 467 468
469 478 479 489 567 568 569
578 579 589 678 679 689 789

组选三

044 004 055 005 066 006 077
007 088 008 099 009 455 445
466 446 477 447 488 448 499
449 566 556 577 557 588 558
599 559 677 667 688 668 699
669 788 778 799 779 899 889

1234567 1234568 1234569 1234578 1234579 1234589

1234567	**1234578**
组选六	组选六

组选六（1234567）
123 124 125 126 127 134 135
136 137 145 146 147 156 157
167 234 235 236 237 245 246
247 256 257 267 345 346 347
356 357 367 456 457 467 567

组选三（1234567）
122 112 133 113 144 114 155
115 166 116 177 117 233 223
244 224 255 225 266 226 277
227 344 334 355 335 366 336
377 337 455 445 466 446 477
447 566 556 577 557 677 667

组选六（1234578）
123 124 125 127 128 134 135
137 138 145 147 148 157 158
178 234 235 237 238 245 247
248 257 258 278 345 347 348
357 358 378 457 458 478 578

组选三（1234578）
122 112 133 113 144 114 155
115 177 117 188 118 233 223
244 224 255 225 277 227 288
228 344 334 355 335 377 337
388 338 455 445 477 447 488
448 577 557 588 558 788 778

1234568
组选六
123 124 125 126 128 134 135
136 138 145 146 148 156 158
168 234 235 236 238 245 246
248 256 258 268 345 346 348
356 358 368 456 458 468 568
组选三
122 112 133 113 144 114 155
115 166 116 188 118 233 223
244 224 255 225 266 226 288
228 344 334 355 335 366 336
388 338 455 445 466 446 488
448 566 556 588 558 688 668

1234579
组选六
123 124 125 127 129 134 135
137 139 145 147 149 157 159
179 234 235 237 239 245 247
249 257 259 279 345 347 349
357 359 379 457 459 479 579
组选三
122 112 133 113 144 114 155
115 177 117 199 119 233 223
244 224 255 225 277 227 299
229 344 334 355 335 377 337
399 339 455 445 477 447 499
449 577 557 599 559 799 779

1234569
组选六
123 124 125 126 129 134 135
136 139 145 146 149 156 159
169 234 235 236 239 245 246
249 256 259 269 345 346 349
356 359 369 456 459 469 569
组选三
122 112 133 113 144 114 155
115 166 116 199 119 233 223
244 224 255 225 266 226 299
229 344 334 355 335 366 336
399 339 455 445 466 446 499
449 566 556 599 559 699 669

1234589
组选六
123 124 125 128 129 134 135
138 139 145 148 149 158 159
189 234 235 238 239 245 248
249 258 259 289 345 348 349
358 359 389 458 459 489 589
组选三
122 112 133 113 144 114 155
115 188 118 199 119 233 223
244 224 255 225 288 228 299
229 344 334 355 335 388 338
399 339 455 445 488 448 499
449 588 558 599 559 899 889

1234678 1234679 1234689 1234789 1235678 1235679

1234678

组选六

123	124	126	127	128	134	136
137	138	146	147	148	167	168
178	234	236	237	238	246	247
248	267	268	278	346	347	348
367	368	378	467	468	478	678

组选三

122	112	133	113	144	114	166
116	177	117	188	118	233	223
244	224	266	226	277	227	288
228	344	334	366	336	377	337
388	338	466	446	477	447	488
448	677	667	688	668	788	778

1234789

组选六

123	124	127	128	129	134	137
138	139	147	148	149	178	179
189	234	237	238	239	247	248
249	278	279	289	347	348	349
378	379	389	478	479	489	789

组选三

122	112	133	113	144	114	177
117	188	118	199	119	233	223
244	224	277	227	288	228	299
229	344	334	377	337	388	338
399	339	477	447	488	448	499
449	788	778	799	779	899	889

1234679

组选六

123	124	126	127	129	134	136
137	139	146	147	149	167	169
179	234	236	237	239	246	247
249	267	269	279	346	347	349
367	369	379	467	469	479	679

组选三

122	112	133	113	144	114	166
116	177	117	199	119	233	223
244	224	266	226	277	227	299
229	344	334	366	336	377	337
399	339	466	446	477	447	499
449	677	667	699	669	799	779

1235678

组选六

123	125	126	127	128	135	136
137	138	156	157	158	167	168
178	235	236	237	238	256	257
258	267	268	278	356	357	358
367	368	378	567	568	578	678

组选三

122	112	133	113	155	115	166
116	177	117	188	118	233	223
255	225	266	226	277	227	288
228	355	335	366	336	377	337
388	338	566	556	577	557	588
558	677	667	688	668	788	778

1234689

组选六

123	124	126	128	129	134	136
138	139	146	148	149	168	169
189	234	236	238	239	246	248
249	268	269	289	346	348	349
368	369	389	468	469	489	689

组选三

122	112	133	113	144	114	166
116	188	118	199	119	233	223
244	224	266	226	288	228	299
229	344	334	366	336	388	338
399	339	466	446	488	448	499
449	688	668	699	669	899	889

1235679

组选六

123	125	126	127	129	135	136
137	139	156	157	159	167	169
179	235	236	237	239	256	257
259	267	269	279	356	357	359
367	369	379	567	569	579	679

组选三

122	112	133	113	155	115	166
116	177	117	199	119	233	223
255	225	266	226	277	227	299
229	355	335	366	336	377	337
399	339	566	556	577	557	599
559	677	667	699	669	799	779

1235689　1235789　1236789　1245678　1245679　1245689

1235689	**1245678**

1235689

组选六

123 125 126 128 129 135 136
138 139 156 158 159 168 169
189 235 236 238 239 256 258
259 268 269 289 356 358 359
368 369 389 568 569 589 689

组选三

122 112 133 113 155 115 166
116 188 118 199 119 233 223
255 225 266 226 288 228 299
229 355 335 366 336 388 338
399 339 566 556 588 558 599
559 688 668 699 669 899 889

1245678

组选六

124 125 126 127 128 145 146
147 148 156 157 158 167 168
178 245 246 247 248 256 257
258 267 268 278 456 457 458
467 468 478 567 568 578 678

组选三

122 112 144 114 155 115 166
116 177 117 188 118 244 224
255 225 266 226 277 227 288
228 455 445 466 446 477 447
488 448 566 556 577 557 588
558 677 667 688 668 788 778

1235789

组选六

123 125 127 128 129 135 137
138 139 157 158 159 178 179
189 235 237 238 239 257 258
259 278 279 289 357 358 359
378 379 389 578 579 589 789

组选三

122 112 133 113 155 115 177
117 188 118 199 119 233 223
255 225 277 227 288 228 299
229 355 335 377 337 388 338
399 339 577 557 588 558 599
559 788 778 799 779 899 889

1245679

组选六

124 125 126 127 129 145 146
147 149 156 157 159 167 169
179 245 246 247 249 256 257
259 267 269 279 456 457 459
467 469 479 567 569 579 679

组选三

122 112 144 114 155 115 166
116 177 117 199 119 244 224
255 225 266 226 277 227 299
229 455 445 466 446 477 447
499 449 566 556 577 557 599
559 677 667 699 669 799 779

1236789

组选六

123 126 127 128 129 136 137
138 139 167 168 169 178 179
189 236 237 238 239 267 268
269 278 279 289 367 368 369
378 379 389 678 679 689 789

组选三

122 112 133 113 166 116 177
117 188 118 199 119 233 223
266 226 277 227 288 228 299
229 366 336 377 337 388 338
399 339 677 667 688 668 699
669 788 778 799 779 899 889

1245689

组选六

124 125 126 128 129 145 146
148 149 156 158 159 168 169
189 245 246 248 249 256 258
259 268 269 289 456 458 459
468 469 489 568 569 589 689

组选三

122 112 144 114 155 115 166
116 188 118 199 119 244 224
255 225 266 226 288 228 299
229 455 445 466 446 488 448
499 449 566 556 588 558 599
559 688 668 699 669 899 889

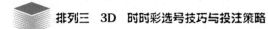

1245789 1246789 1256789 1345678 1345679 1345689

1245789	1345678

1245789

组选六

124 125 127 128 129 145 147
148 149 157 158 159 178 179
189 245 247 248 249 257 258
259 278 279 289 457 458 459
478 479 489 578 579 589 789

组选三

122 112 144 114 155 115 177
117 188 118 199 119 244 224
255 225 277 227 288 228 299
229 455 445 477 447 488 448
499 449 577 557 588 558 599
559 788 778 799 779 899 889

1345678

组选六

134 135 136 137 138 145 146
147 148 156 157 158 167 168
178 345 346 347 348 356 357
358 367 368 378 456 457 458
467 468 478 567 568 578 678

组选三

133 113 144 114 155 115 166
116 177 117 188 118 344 334
355 335 366 336 377 337 388
338 455 445 466 446 477 447
488 448 566 556 577 557 588
558 677 667 688 668 788 778

1246789

组选六

124 126 127 128 129 146 147
148 149 167 168 169 178 179
189 246 247 248 249 267 268
269 278 279 289 467 468 469
478 479 489 678 679 689 789

组选三

122 112 144 114 166 116 177
117 188 118 199 119 244 224
266 226 277 227 288 228 299
229 466 446 477 447 488 448
499 449 677 667 688 668 699
669 788 778 799 779 899 889

1345679

组选六

134 135 136 137 139 145 146
147 149 156 157 159 167 169
179 345 346 347 349 356 357
359 367 369 379 456 457 459
467 469 479 567 569 579 679

组选三

133 113 144 114 155 115 166
116 177 117 199 119 344 334
355 335 366 336 377 337 399
339 455 445 466 446 477 447
499 449 566 556 577 557 599
559 677 667 699 669 799 779

1256789

组选六

125 126 127 128 129 156 157
158 159 167 168 169 178 179
189 256 257 258 259 267 268
269 278 279 289 567 568 569
578 579 589 678 679 689 789

组选三

122 112 155 115 166 116 177
117 188 118 199 119 255 225
266 226 277 227 288 228 299
229 566 556 577 557 588 558
599 559 677 667 688 668 699
669 788 778 799 779 899 889

1345689

组选六

134 135 136 138 139 145 146
148 149 156 158 159 168 169
189 345 346 348 349 356 358
359 368 369 389 456 458 459
468 469 489 568 569 589 689

组选三

133 113 144 114 155 115 166
116 188 118 199 119 344 334
355 335 366 336 388 338 399
339 455 445 466 446 488 448
499 449 566 556 588 558 599
559 688 668 699 669 899 889

1345789　1346789　1356789　1456789　2345678　2345679

1345789	**1456789**
组选六	组选六

<table>
<tr><td>134</td><td>135</td><td>137</td><td>138</td><td>139</td><td>145</td><td>147</td><td>145</td><td>146</td><td>147</td><td>148</td><td>149</td><td>156</td><td>157</td></tr>
<tr><td>148</td><td>149</td><td>157</td><td>158</td><td>159</td><td>178</td><td>179</td><td>158</td><td>159</td><td>167</td><td>168</td><td>169</td><td>178</td><td>179</td></tr>
<tr><td>189</td><td>345</td><td>347</td><td>348</td><td>349</td><td>357</td><td>358</td><td>189</td><td>456</td><td>457</td><td>458</td><td>459</td><td>467</td><td>468</td></tr>
<tr><td>359</td><td>378</td><td>379</td><td>389</td><td>457</td><td>458</td><td>459</td><td>469</td><td>478</td><td>479</td><td>489</td><td>567</td><td>568</td><td>569</td></tr>
<tr><td>478</td><td>479</td><td>489</td><td>578</td><td>579</td><td>589</td><td>789</td><td>578</td><td>579</td><td>589</td><td>678</td><td>679</td><td>689</td><td>789</td></tr>
</table>

组选三	组选三

<table>
<tr><td>133</td><td>113</td><td>144</td><td>114</td><td>155</td><td>115</td><td>177</td><td>144</td><td>114</td><td>155</td><td>115</td><td>166</td><td>116</td><td>177</td></tr>
<tr><td>117</td><td>188</td><td>118</td><td>199</td><td>119</td><td>344</td><td>334</td><td>117</td><td>188</td><td>118</td><td>199</td><td>119</td><td>455</td><td>445</td></tr>
<tr><td>355</td><td>335</td><td>377</td><td>337</td><td>388</td><td>338</td><td>399</td><td>466</td><td>446</td><td>477</td><td>447</td><td>488</td><td>448</td><td>499</td></tr>
<tr><td>339</td><td>455</td><td>445</td><td>477</td><td>447</td><td>488</td><td>448</td><td>449</td><td>566</td><td>556</td><td>577</td><td>557</td><td>588</td><td>558</td></tr>
<tr><td>499</td><td>449</td><td>577</td><td>557</td><td>588</td><td>558</td><td>599</td><td>599</td><td>559</td><td>677</td><td>667</td><td>688</td><td>668</td><td>699</td></tr>
<tr><td>559</td><td>788</td><td>778</td><td>799</td><td>779</td><td>899</td><td>889</td><td>669</td><td>788</td><td>778</td><td>799</td><td>779</td><td>899</td><td>889</td></tr>
</table>

1346789	**2345678**
组选六	组选六

<table>
<tr><td>134</td><td>136</td><td>137</td><td>138</td><td>139</td><td>146</td><td>147</td><td>234</td><td>235</td><td>236</td><td>237</td><td>238</td><td>245</td><td>246</td></tr>
<tr><td>148</td><td>149</td><td>167</td><td>168</td><td>169</td><td>178</td><td>179</td><td>247</td><td>248</td><td>256</td><td>257</td><td>258</td><td>267</td><td>268</td></tr>
<tr><td>189</td><td>346</td><td>347</td><td>348</td><td>349</td><td>367</td><td>368</td><td>278</td><td>345</td><td>346</td><td>347</td><td>348</td><td>356</td><td>357</td></tr>
<tr><td>369</td><td>378</td><td>379</td><td>389</td><td>467</td><td>468</td><td>469</td><td>358</td><td>367</td><td>368</td><td>378</td><td>456</td><td>457</td><td>458</td></tr>
<tr><td>478</td><td>479</td><td>489</td><td>678</td><td>679</td><td>689</td><td>789</td><td>467</td><td>468</td><td>478</td><td>567</td><td>568</td><td>578</td><td>678</td></tr>
</table>

组选三	组选三

<table>
<tr><td>133</td><td>113</td><td>144</td><td>114</td><td>166</td><td>116</td><td>177</td><td>233</td><td>223</td><td>244</td><td>224</td><td>255</td><td>225</td><td>266</td></tr>
<tr><td>117</td><td>188</td><td>118</td><td>199</td><td>119</td><td>344</td><td>334</td><td>226</td><td>277</td><td>227</td><td>288</td><td>228</td><td>344</td><td>334</td></tr>
<tr><td>366</td><td>336</td><td>377</td><td>337</td><td>388</td><td>338</td><td>399</td><td>355</td><td>335</td><td>366</td><td>336</td><td>377</td><td>337</td><td>388</td></tr>
<tr><td>339</td><td>466</td><td>446</td><td>477</td><td>447</td><td>488</td><td>448</td><td>338</td><td>455</td><td>445</td><td>466</td><td>446</td><td>477</td><td>447</td></tr>
<tr><td>499</td><td>449</td><td>677</td><td>667</td><td>688</td><td>668</td><td>699</td><td>488</td><td>448</td><td>566</td><td>556</td><td>577</td><td>557</td><td>588</td></tr>
<tr><td>669</td><td>788</td><td>778</td><td>799</td><td>779</td><td>899</td><td>889</td><td>558</td><td>677</td><td>667</td><td>688</td><td>668</td><td>788</td><td>778</td></tr>
</table>

1356789	**2345679**
组选六	组选六

<table>
<tr><td>135</td><td>136</td><td>137</td><td>138</td><td>139</td><td>156</td><td>157</td><td>234</td><td>235</td><td>236</td><td>237</td><td>239</td><td>245</td><td>246</td></tr>
<tr><td>158</td><td>159</td><td>167</td><td>168</td><td>169</td><td>178</td><td>179</td><td>247</td><td>249</td><td>256</td><td>257</td><td>259</td><td>267</td><td>269</td></tr>
<tr><td>189</td><td>356</td><td>357</td><td>358</td><td>359</td><td>367</td><td>368</td><td>279</td><td>345</td><td>346</td><td>347</td><td>349</td><td>356</td><td>357</td></tr>
<tr><td>369</td><td>378</td><td>379</td><td>389</td><td>567</td><td>568</td><td>569</td><td>359</td><td>367</td><td>369</td><td>379</td><td>456</td><td>457</td><td>459</td></tr>
<tr><td>578</td><td>579</td><td>589</td><td>678</td><td>679</td><td>689</td><td>789</td><td>467</td><td>469</td><td>479</td><td>567</td><td>569</td><td>579</td><td>679</td></tr>
</table>

组选三	组选三

<table>
<tr><td>133</td><td>113</td><td>155</td><td>115</td><td>166</td><td>116</td><td>177</td><td>233</td><td>223</td><td>244</td><td>224</td><td>255</td><td>225</td><td>266</td></tr>
<tr><td>117</td><td>188</td><td>118</td><td>199</td><td>119</td><td>355</td><td>335</td><td>226</td><td>277</td><td>227</td><td>299</td><td>229</td><td>344</td><td>334</td></tr>
<tr><td>366</td><td>336</td><td>377</td><td>337</td><td>388</td><td>338</td><td>399</td><td>355</td><td>335</td><td>366</td><td>336</td><td>377</td><td>337</td><td>399</td></tr>
<tr><td>339</td><td>566</td><td>556</td><td>577</td><td>557</td><td>588</td><td>558</td><td>339</td><td>455</td><td>445</td><td>466</td><td>446</td><td>477</td><td>447</td></tr>
<tr><td>599</td><td>559</td><td>677</td><td>667</td><td>688</td><td>668</td><td>699</td><td>499</td><td>449</td><td>566</td><td>556</td><td>577</td><td>557</td><td>599</td></tr>
<tr><td>669</td><td>788</td><td>778</td><td>799</td><td>779</td><td>899</td><td>889</td><td>559</td><td>677</td><td>667</td><td>699</td><td>669</td><td>799</td><td>779</td></tr>
</table>

2345689 2345789 2346789 2356789 2456789 3456789

2345689							**2356789**					
组选六							组选六					
234	235	236	238	239	245	246	235	236	237	238	239	256	257
248	249	256	258	259	268	269	258	259	267	268	269	278	279
289	345	346	348	349	356	358	289	356	357	358	359	367	368
359	368	369	389	456	458	459	369	378	379	389	567	568	569
468	469	489	568	569	589	689	578	579	589	678	679	689	789

组选三 | 组选三

233	223	244	224	255	225	266	233	223	255	225	266	226	277
226	288	228	299	229	344	334	227	288	228	299	229	355	335
355	335	366	336	388	338	399	366	336	377	337	388	338	399
339	455	445	466	446	488	448	339	566	556	577	557	588	558
499	449	566	556	588	558	599	599	559	677	667	688	668	699
559	688	668	699	669	899	889	669	788	778	799	779	899	889

2345789 | **2456789**
组选六 | 组选六

234	235	237	238	239	245	247	245	246	247	248	249	256	257
248	249	257	258	259	278	279	258	259	267	268	269	278	279
289	345	347	348	349	357	358	289	456	457	458	459	467	468
359	378	379	389	457	458	459	469	478	479	489	567	568	569
478	479	489	578	579	589	789	578	579	589	678	679	689	789

组选三 | 组选三

233	223	244	224	255	225	277	244	224	255	225	266	226	277
227	288	228	299	229	344	334	227	288	228	299	229	455	445
355	335	377	337	388	338	399	466	446	477	447	488	448	499
339	455	445	477	447	488	448	449	566	556	577	557	588	558
499	449	577	557	588	558	599	599	559	677	667	688	668	699
559	788	778	799	779	899	889	669	788	778	799	779	899	889

2346789 | **3456789**
组选六 | 组选六

234	236	237	238	239	246	247	345	346	347	348	349	356	357
248	249	267	268	269	278	279	358	359	367	368	369	378	379
289	346	347	348	349	367	368	389	456	457	458	459	467	468
369	378	379	389	467	468	469	469	478	479	489	567	568	569
478	479	489	678	679	689	789	578	579	589	678	679	689	789

组选三 | 组选三

233	223	244	224	266	226	277	344	334	355	335	366	336	377
227	288	228	299	229	344	334	337	388	338	399	339	455	445
366	336	377	337	388	338	399	466	446	477	447	488	448	499
339	466	446	477	447	488	448	449	566	556	577	557	588	558
499	449	677	667	688	668	699	599	559	677	667	688	668	699
669	788	778	799	779	899	889	669	788	778	799	779	899	889

第七章　彩票中奖规则

一、2014 年关于变更中国体育彩票排列三中奖规则的公告

为推进体育彩票排列三的健康稳定发展，经财政部《关于变更中国体育彩票排列三游戏规则的通知》（财办综〔2014〕54 号）批准、《关于同意中国体育彩票排列三游戏规则变更上市销售实施方案的通知》（财办综〔2014〕59 号）核准，并根据《彩票管理条例》、《彩票管理条例实施细则》、《彩票发行销售管理办法》（财综〔2012〕102 号）等相关规定，现决定：

自第 14230 期（2014 年 8 月 25 日 20：10 开售）起，变更中国体育彩票排列三游戏规则。中国体育彩票排列三变更内容包括彩票资金构成比例和奖级奖金设置。变更后的游戏规则见附件。排列三每期按彩票销售额的 53%、13%、34%，分别计提彩票奖金、彩票发行费和彩票公益金。彩票奖金分为当期奖金和调节基金，52% 为当期奖金，1% 为调节基金。

因规则调整带来的不便敬请谅解，感谢广大彩民对中国体育彩票的支持。

特此公告。

附件：中国体育彩票排列三游戏规则（旧规则）

国家体育总局体育彩票管理中心
2014 年 8 月 13 日

附件

中国体育彩票排列三游戏规则

第一章　总　则

第一条　根据《彩票管理条例》、《彩票管理条例实施细则》、《彩票发行销售管理办法》（财综〔2012〕102号）等相关规定，制定本规则。

第二条　中国体育彩票排列三游戏（以下简称排列三）由国家体育总局体育彩票管理中心（以下简称中体彩中心）发行和组织销售。由各省、自治区、直辖市体育彩票销售机构（以下称各省体彩机构）在所辖区域内销售。

第三条　排列三采用计算机网络系统发行，在各省体彩机构设置的销售网点销售，定期开奖。

第四条　排列三实行自愿购买，凡购票者均被视为同意并遵守本规则。

第五条　不得向未成年人出售彩票或兑付奖金。

第二章　投　注

第六条　排列三是指从000~999的数字中选取1个3位数作为一注投注号码进行的投注。每注金额人民币2元。

第七条　排列三投注方式分为直选投注和组选投注。

（一）直选投注：所选3位数以唯一排列方式作为一注的投注。

（二）组选投注：所选3位数以所有排列方式作为一注的投注。具体分为：

组选六：如果一注组选投注的3位数中每位数字各不相同，则有6种不同的排列方式，有6次中奖机会；

组选三：如果一注组选投注的3位数中有2位数字相同，则有3种不同的排列方式，有3次中奖机会。

第八条　购买者可对其选定的投注号码进行多倍投注，投注倍数范围为2~99倍。单张彩票的投注金额最高不得超过20000元。

第九条　排列三每天销售一期，期号以开奖日界定，按日历年度编排。

第十条　购买者可在各省体彩机构设置的销售网点投注。投注号码经投注机打印出的兑奖凭证，交购买者保存，此兑奖凭证即为排列三彩票。

第十一条 投注者可选择机选号码投注、自选号码投注。机选号码投注是指由投注机随机产生投注号码进行投注，自选号码投注是指将购买者选定的号码输入投注机进行投注。

第十二条 排列三对每期全部投注号码的可投注数量实行限量销售，若投注号码受限，则不能投注。若因销售终端故障、通信线路故障和投注站信用额度受限等原因造成投注不成功，应退还购买者投注金额。

第三章 设 奖

第十三条 排列三按当期销售总额的 53%、13%、34% 分别计提彩票奖金、彩票发行费和彩票公益金。彩票奖金分为当期奖金和调节基金，其中，52% 为当期奖金，1% 为调节基金。

第十四条 排列三按不同投注方式设奖，均为固定奖。奖金规定如下：

（一）直选投注：单注奖金固定为 1040 元。

（二）组选投注：

组选六：单注奖金固定为 173 元；

组选三：单注奖金固定为 346 元。

第十五条 排列三设置调节基金。调节基金包括按销售总额 1% 的提取部分、逾期未退票的票款。调节基金专项用于支付不可预见情况下的奖金支出风险，以及设立特别奖。动用调节基金设立特别奖，应报同级财政部门审核批准。

第十六条 排列三设置奖池。奖池资金由计提当期奖金与实际中出奖金的差额组成。当期实际中出奖金小于计提当期奖金时，余额进入奖池；当期实际中出奖金超过计提当期奖金时，差额由奖池资金补足；当奖池资金不足时，由调节基金补足，调节基金不足时，用彩票兑奖周转金垫支。在出现彩票兑奖周转金垫支情况下，当调节基金有资金滚入时优先偿还垫支的彩票兑奖周转金。

第四章 开 奖

第十七条 排列三每天开奖一次。以中国体育彩票排列五当期开奖号码的前三位号码作为排列三当期开奖号码。

第十八条 每期开奖后，由各省体彩机构向社会公布当期销售总额、开奖号码、各奖级中奖情况以及奖池资金余额等信息，并将开奖结果通知各销售网点。

第五章 中 奖

第十九条 排列三根据投注号码与开奖号码相符情况确定相应中奖资格。具体规定如下：

（一）直选投注：投注号码与开奖号码数字相同且顺序一致，即中奖。例如，开奖号码为 123，则直选投注号码为 123 即中奖。

（二）组选投注：

组选六：开奖号码中每位数字均不相同，投注号码与开奖号码数字相同且顺序不限，即中奖。例如，组选六投注号码为 123，则开奖号码为 123、132、213、231、312、321 之一均中奖。

组选三：开奖号码中任意 2 位数字相同，投注号码与开奖号码数字相同且顺序不限，即中奖。例如，组选三投注号码为 122，则开奖号码为 122、212、221 之一均中奖。

第六章 兑 奖

第二十条 排列三兑奖当期有效。中奖者应当自开奖之日起 60 个自然日内，持中奖彩票到指定的地点兑奖。逾期未兑奖视为弃奖，弃奖奖金纳入彩票公益金。

第二十一条 中奖彩票为兑奖唯一凭证，中奖彩票因玷污、损坏等原因不能正确识别的，不能兑奖。

第二十二条 兑奖机构有权查验中奖者的中奖彩票及有效身份证件，兑奖者应予配合。

第七章 附 则

第二十三条 本规则自批准之日起执行。

二、中国体育彩票排列三中奖规则

为更好地促进体育彩票排列三健康发展，国家于 2014 年 8 月 25 日 20：10 开售起，正式变更中国体育彩票排列三中奖规则。简称 2014 年最新体彩排列三中奖规则。以下为 2014 年 8 月 25 日之前的旧规则：

第一章　总　则

第一条　根据财政部《彩票发行与销售管理暂行规定》制定本排列三中奖规则游戏。

第二条　排列三电脑体育彩票由国家体育总局体育彩票管理中心（以下简称"中体彩中心"）统一发行。经中体彩中心授权，各省、自治区、直辖市体育彩票管理中心（以下简称"省级体彩中心"）在所辖区域内承销排列三。

第三条　"排列三"实行自愿购买，凡购买该彩票者即被视为同意并遵守本规则。

第二章　游戏方法

第四条　购买"排列三"时，由购买者从 000~999 的数字中选取 1 个 3 位数为投注号码进行投注。

第五条　"排列三"的投注方式分为直选投注和组选投注。"直选投注"是将 3 位数以唯一排列方式进行的单式投注。"组选投注"是将投注号码的所有排列方式作为一注投注号码进行的单式投注。如果一注组选号码的 3 个数字各不相同，则有 6 种不同的排列方式，有 6 次中奖机会，这种组选投注方式简称"组选六"；如果一注组选号码的 3 个数字中有 2 个数字相同，则有 3 种不同的排列方式，有 3 次中奖机会，这种组选投注方式简称"组选三"。

第六条　购买者可在全国省级体彩中心设置的投注站进行投注。投注号码可由投注机随机产生，也可通过投注单将购买者选定的号码输入投注机确定。投注号码经系统确认后打印出的兑奖凭证即为"排列三"电脑体育彩票，交购买者保存。

第七条 "排列三"每注 2 元人民币。彩票不记名、不挂失，不返还本金，不流通使用。

第三章 设 奖

第八条 "排列三"按"直选投注"、"组选三"、"组选六"等不同投注方式进行设奖，均设一个奖级，为固定奖。

第九条 奖金规定如下：

"直选投注"，单注固定奖金 1000 元。

"组选三"，单注固定奖金 320 元。

"组选六"，单注固定奖金 160 元。

第四章 奖金管理

第十条 销售总额的 50% 为奖金，分为当期奖金和调节基金。其中，49% 为当期奖金，1% 为调节基金。

第十一条 "排列三"设置奖池，奖池由每期奖金与实际中出奖金的差额累计而成。若当期奖金大于当期中出奖金时，余额滚入奖池；若当期奖金小于当期中出奖金时，差额用奖池补足；若奖池不足时，用调节基金补足，调节基金不足时，从发行经费中垫支。

第十二条 调节基金包括按销售总额的 1% 提取部分、弃奖收入和逾期未退票的票款。调节基金专项用于支付各种不可预见情况下的奖金支出风险以及设立特别奖。

第五章 中 奖

第十三条 所购彩票与开奖结果相对照，符合以下情况即为中奖。

"直选投注"：所选号码与中奖号码相同且顺序一致，则该注彩票中奖。例如，中奖号码为 543，则中奖结果为：543。

"组选三"：中奖号码中任意两位数字相同，所选号码与中奖号码相同且顺序不限，则该注彩票中奖。例如，中奖号码为 544，则中奖结果为：544、454、445 之一均可。

"组选六"：所选号码与中奖号码相同且顺序不限，则该注彩票中奖。例如，中奖号码为543，则中奖结果为：543、534、453、435、345、354之一均可。

三、中国福利彩票 3D 游戏规则的公告

为了进一步提升3D游戏的品牌形象，增加3D游戏的科学性、趣味性，更好地回馈多年来彩民对3D游戏的厚爱，根据《彩票管理条例》、《彩票管理条例实施细则》、《彩票发行销售管理办法》（财综〔2012〕102号）等相关规定，经财政部《关于变更中国福利彩票3D游戏规则的通知》（财办综〔2014〕55号）和《关于同意中国福利彩票3D游戏规则变更上市销售实施方案的通知》（财办综〔2014〕61号）批准，中福彩中心决定对3D游戏规则进行调整。现就有关事项公告如下：

自3D第2014230期（2014年8月25日开奖结束后开始销售，8月26日晚开奖）起，变更中国福利彩票3D游戏规则。中国福利彩票3D变更内容包括彩票资金构成比例和奖级奖金设置，并新增了部分投注方式。3D游戏每期按彩票销售额的53%、13%、34%，分别计提彩票奖金、彩票发行费和彩票公益金，彩票奖金分为当期奖金和调节基金，52%为当期奖金，1%为调节基金。调整后奖级单选奖金由1000元/注，提高到1040元/注；组选三奖金由320元/注，提高到346元/注；组选六奖金由160元/注，提高到173元/注。新规则在现有投注方式的基础上，还新增了"猜大小"、"猜1D"、"猜2D"、"猜三同"、"拖拉机"、"猜奇偶"等多种新的投注方式。

特此公告。

附件

中国福利彩票 3D 游戏规则

第一章　总　则

第一条　根据《彩票管理条例》《彩票管理条例实施细则》《彩票发行销售管理办法》（财综〔2012〕102号）等相关规定，制定本规则。

第二条 中国福利彩票 3D 游戏（以下简称 3D）由中国福利彩票发行管理中心（以下简称中福彩中心）发行和组织销售，由各福利彩票销售机构（以下称福彩销售机构）在所辖区域内销售。

第三条 3D 采用计算机网络系统发行，在福彩销售机构设置的销售网点销售，定期开奖。

第四条 3D 实行自愿购买，凡购买者均被视为同意并遵守本规则。

第五条 不得向未成年人出售彩票或兑付奖金。

第六条 3D 是指以三个号码排列或组合为一注进行单式投注，投注号码由 000~999 组成，三个位置从左至右分别为"百位"、"十位"、"个位"，一组三个号码的排列或组合称为一注。每注金额人民币 2 元。购买者可对其选定的投注号码进行多倍投注，投注倍数范围为 2~99 倍。单张彩票的投注金额最高不得超过 20000 元。

第七条 投注者可在福彩销售机构设置的销售网点投注。投注号码经投注机打印出兑奖凭证，交购买者保存，此兑奖凭证即为 3D 彩票。

第八条 3D 根据投注号码的排列或组合分为"单选"、"组选"、"1D"、"2D"、"通选"、"和数"、"包选"、"猜大小"、"猜 1D"、"猜 2D"、"猜三同"、"拖拉机"、"猜奇偶"等投注方式，具体规定如下：

（一）单选投注：是指对三个号码以唯一的排列方式进行投注。

（二）组选投注：是指将三个号码的所有排列方式作为一注投注号码进行投注。如果一注组选的三个号码中有两个号码相同，则包括三种不同的排列方式，称为"组选三"；如果一注组选的三个号码各不相同，则包括六种不同的排列方式，称为"组选六"。

（三）1D 投注：是指对百位、十位或个位中某一特定位置上的号码进行投注。

（四）猜 1D 投注：是指对百位、十位或个位中任意一个位置上的号码进行投注。

（五）2D 投注：是指对百位和十位、十位和个位或百位和个位号码，以唯一的排列方式进行投注。

（六）猜 2D 投注：是指对百位、十位或个位中任意两个位置上的号码进行投注。

（七）通选投注：是指对三个号码以唯一的排列方式进行投注。

（八）和数投注：是指对三个号码相加之和进行投注。

（九）包选投注：是指同时用单选和组选的方式对三个号码进行投注。如果三个号码中有两个号码相同，则包括三种不同的排列方式，称为"包选三"；如果三个号码各不相同，则包括六种不同的排列方式，称为"包选六"。

（十）猜大小投注：是指对三个号码相加之和的大、小性质进行投注。其中，三个号码相加之和在 19（含）至 27（含）之间时为大，在 0（含）至 8（含）之间时为小。

（十一）猜三同投注：是指对全部三个相同的号码进行投注。

（十二）拖拉机投注：是指对全部以升序或降序连续排列的号码进行投注（890、098、901、109 除外）。

（十三）猜奇偶投注：是指对全部三个号码的奇数、偶数性质进行投注。其中，1、3、5、7、9 为奇，0、2、4、6、8 为偶。

第九条　购买者可选择机选号码投注、自选号码投注。机选号码投注是指由投注机随机产生投注号码进行投注，自选号码投注是指将购买者选定的号码输入投注机进行投注。

第十条　购买者可选择复式投注、多期投注。复式投注是指所选号码个数超过单式投注的号码个数，所选号码可排列或组合为每一种单式投注方式的多注彩票的投注。多期投注是指购买从当期起最多连续 7 期的彩票。

第十一条　3D 每天销售一期，期号以开奖日界定，按日历年度编排。

第十二条　3D 每期全部投注号码的可投注数量实行限量销售，由福彩销售机构根据实际情况确定具体的限额，若投注号码受限，则不能投注。若因销售终端故障、通信线路故障和投注站信用额度受限等原因造成投注不成功，应退还购买者投注金额。

第三章　设　奖

第十三条　3D 按当期销售额的 53%、13% 和 34% 分别计提彩票奖金、彩票发行费和彩票公益金。彩票奖金分为当期奖金和调节基金，其中，52% 为当期奖金，1% 为调节基金。

第十四条 3D 按不同单式投注方式设奖，均为固定奖。奖金规定如下：

（一）单选投注：

单选：单注奖金固定为 1040 元。

（二）组选投注：

1. 组选三：单注奖金固定为 346 元。

2. 组选六：单注奖金固定为 173 元。

（三）1D 投注：

1D：单注奖金固定为 10 元。

（四）猜 1D 投注：

1. 猜中 1：单注奖金固定为 2 元。

2. 猜中 2：单注奖金固定为 12 元。

3. 猜中 3：单注奖金固定为 230 元。

（五）2D 投注：

2D：单注奖金固定为 104 元。

（六）猜 2D 投注：

1. 两同号：单注奖金固定为 37 元。

2. 两不同号：单注奖金固定为 19 元。

（七）通选投注：

1. 通选 1：单注奖金固定为 470 元。

2. 通选 2：单注奖金固定为 21 元。

（八）和数投注：

1. 和数 0 或 27：单注奖金固定为 1040 元。

2. 和数 1 或 26：单注奖金固定为 345 元。

3. 和数 2 或 25：单注奖金固定为 172 元。

4. 和数 3 或 24：单注奖金固定为 104 元。

5. 和数 4 或 23：单注奖金固定为 69 元。

6. 和数 5 或 22：单注奖金固定为 49 元。

7. 和数 6 或 21：单注奖金固定为 37 元。

8. 和数 7 或 20：单注奖金固定为 29 元。

9. 和数 8 或 19：单注奖金固定为 23 元。

10. 和数 9 或 18：单注奖金固定为 19 元。

11. 和数 10 或 17：单注奖金固定为 16 元。

12. 和数 11 或 16：单注奖金固定为 15 元。

13. 和数 12 或 15：单注奖金固定为 15 元。

14. 和数 13 或 14：单注奖金固定为 14 元。

（九）包选投注：

1. 包选三：

（1）全中：单注奖金固定为 693 元。

（2）组中：单注奖金固定为 173 元。

2. 包选六：

（1）全中：单注奖金固定为 606 元。

（2）组中：单注奖金固定为 86 元。

（十）猜大小投注：

猜大小：单注奖金固定为 6 元。

（十一）猜三同投注：

猜三同：单注奖金固定为 104 元。

（十二）拖拉机投注：

拖拉机：单注奖金固定为 65 元。

（十三）猜奇偶投注：

猜奇偶：单注奖金固定为 8 元。

第十五条　3D 设置调节基金。调节基金包括按销售总额 1% 提取部分、逾期未退票的票款和奖池资金达到一定数额后超出部分转入资金。调节基金用于支付不可预见的奖金支出风险，以及设立特别奖。动用调节基金设立特别奖，应报同级财政部门审核批准。

第十六条　3D 设置奖池。奖池资金由当期计提奖金与实际中出奖金的差额组成。当期实际中出奖金小于计提奖金时，余额进入奖池；当期实际中出奖金超过计提奖金时，差额由奖池资金补足。当奖池资金总额不足时，由调节基金补足，调节基金不足时，用彩票兑奖周转金垫支。在出现彩票兑奖周转金垫支的情况下，当调节基金有资金滚入时优先偿还垫支的彩票兑奖周转金。当奖池资金达到 200 万元后，超出部分可以转入调节基金。

第十七条　3D 由中福彩中心统一开奖，每天开奖一次。

第十八条　3D 通过专用摇奖设备确定开奖号码。每期按百位、十位、个位的顺序从 000~999 中摇出一个三位数的号码，作为当期开奖号码。

第十九条　每期开奖后，福彩销售机构应向社会公布开奖号码、当期销售总额、各投注方式中奖情况及奖池资金余额等信息，并将开奖结果通知销售网点。

第五章　中　奖

第二十条　根据购买者选择的 3D 的投注号码和投注方式，与当期开奖号码的相符情况，确定相应的中奖资格。具体规定如下：

（一）单选投注：

单选：投注号码与当期开奖号码按位全部相同（百位+十位+个位），即中奖。

（二）组选投注：

1.组选三：当期开奖号码的三位数中任意两位数字相同，且投注号码与当期开奖号码相同（顺序不限），即中奖。

2.组选六：当期开奖号码的三位数各不相同，且投注号码与当期开奖号码相同（顺序不限），即中奖。

（三）1D 投注：

1D：投注号码与当期开奖号码中对应位置的号码相同，即中奖。

（四）猜 1D 投注：

1.猜中 1：投注号码与当期开奖号码中任意一个位置的号码相同，即中奖。

2.猜中 2：投注号码与当期开奖号码中任意两个位置的号码相同，即中奖。

3.猜中 3：投注号码与当期开奖号码中全部三个位置的号码相同，即中奖。

（五）2D 投注：

2D：投注号码与当期开奖号码中对应两个位置的号码按位相同，即中奖。

（六）猜 2D 投注：

1.两同号：投注号码为两个相同的号码，若当期开奖号码中包含投注的两个相同号码，即中奖；

2. 两不同号：投注号码为两个不同的号码，若当期开奖号码中包含投注的两个不同号码（顺序不限），即中奖。

（七）通选投注：

1. 通选1：投注号码与当期开奖号码按位全部相同（百位+十位+个位），即中奖；

2. 通选2：投注号码与当期开奖号码中任意两个位置的号码按位相同，即中奖。

（八）和数投注：

和数：投注号码与当期开奖号码的三个号码相加之和相同，即中奖。

（九）包选投注：

1. 包选三：

（1）全中：投注号码的三位数中任意两位数字相同，且投注号码与当期开奖号码按位全部相同，即中奖；

（2）组中：投注号码的三位数中任意两位数字相同，且投注号码与当期开奖号码全部相同（顺序不同），即中奖。

2. 包选六：

（1）全中：投注号码的三位数各不相同，且投注号码与当期开奖号码按位全部相同，即中奖；

（2）组中：投注号码的三位数各不相同，且投注号码与当期开奖号码全部相同（顺序不同），即中奖。

（十）猜大小投注：

猜大小：投注号码与当期开奖号码的三个号码相加之和的大、小性质相同，即中奖。其中，三个号码相加之和在19（含）至27（含）之间时为大，在0（含）至8（含）之间时为小。

（十一）猜三同投注：

猜三同：当期开奖号码为三个相同的号码，即中奖。

（十二）拖拉机投注：

拖拉机：当期开奖号码的三个号码为以升序或降序连续排列的号码（890、098、901、109除外），即中奖。

（十三）猜奇偶投注：

猜奇偶：当期开奖号码的三个号码全部为奇数或偶数，且投注号码与当期开奖号码的三个号码的奇数、偶数性质相同，即中奖。其中，1、3、5、7、9为奇，0、2、4、6、8为偶。

第二十一条　当期每注投注号码按其投注方式只有一次中奖机会，不能兼中兼得，特别设奖除外。

第六章　兑　奖

第二十二条　3D兑奖当期有效。中奖者应当自开奖之日起60个自然日内，持中奖彩票到指定的地点兑奖。逾期未兑奖视为弃奖，弃奖奖金纳入彩票公益金。

第二十三条　中奖彩票为中奖唯一凭证，中奖彩票因玷污、损坏等原因不能正确识别的，不能兑奖。

第二十四条　兑奖机构可以查验中奖者的中奖彩票及有效身份证件，中奖者兑奖时应予配合。

第七章　附　则

第二十五条　本规则自批准销售之日起执行。

四、"重庆时时彩"（老时时彩）玩法规则

中国福利彩票时时彩（以下简称"老时时彩"）经国家财政部批准，由中国福利彩票发行管理中心在重庆市所辖区域内发行，由重庆市福利彩票发行中心承销。

"老时时彩"分为"星彩玩法"以及"大小单双玩法"。

星彩玩法分为一星、二星、三星、五星四种玩法。

"时时彩"每期开奖号码为一个五位数号码，分为个、十、百、千、万位。

一星采用的是开奖号的最后一位（即个位），单注中奖10元；

二星采用的是开奖号的后两位（即十位、个位），单注中奖100元；

三星采用的是开奖号的后三位（即百位、十位、个位），单注中奖1000元；

五星则代表 5 位全部（即万位、千位、百位、十位、个位）单注中奖 100000 元。

无论采用几星投注方式，每注彩票的金额均为 2 元。

大小单双玩法是指猜时时彩"个位"和"十位"这两个位置的"大小、单双"玩法，即把 10 个自然数按"大"、"小"或"单"、"双"性质分为两组，0~4 为小号，5~9 为大号，0、2、4、6、8 为双号，1、3、5、7、9 为单号。投注者可对"个位、十位"的数字进行"大小、单双"的指定投注。投注者投注的号码位置、性质与开奖号码位置、性质相同即中奖。单注投注金额 2 元，单注中奖金额为 4 元。

五、中奖

按投注号码与中奖号码按位相符情况确定中奖奖级，中奖号码从个位兑起：

按"星"级进行兑奖，即五星方式限兑特等奖，三星方式限兑一等奖，二星方式限兑二等奖，一星方式限兑三等奖，互不混兑。凡符合下列情况的，即获得相应中奖资格：

5 星奖：单注投注号码的 5 个号码与当期中奖号码的 5 位号码按位全部相符，即中奖；

3 星奖：单注投注号码与当期中奖号码的连续后 3 位号码按位相符（百位+十位+个位），即中奖；

2 星奖：单注投注号码与当期中奖号码的连续后 2 位号码按位相符（十位+个位），即中奖；

1 星奖：单注投注号码与当期中奖号码的个位号码按位相符，即中奖。

（一）时时彩投注方式表

单注奖金五星直选 1、2、3、4、5 选 5 个号码，与开奖号码完全按位全部相符 100000 元五星通选 1、2、3、4、5 选 5 个号码，与开奖号码完全按位全部相符 20440 元 1、2、3、*、* 或 *、*、3、4、5 选 5 个号码，与开奖号码前三位或后三位按位相符 220 元 1、2、*、*、* 或 *、*、*、4、5 选 5 个号码，与开奖号码前二位或后二位按位相符 20 元三星——3、4、5 选 3 个号码，与开奖号码连续后三位按位相符 1000 元二星直选——4、5 选 2 个号码，与开奖号码连续后二位按位相符 100 元二星组选——4、5 或——5、4 选 2 个号码，与开奖号码连续后二位相符 50 元一星——5 选 1 个号码，与开奖号码个位相符 10 元大小单双双单（或双大、小单、小大）与开奖号码后二位数字属性按位相符 4 元三星组三 1、2、3、5、3——3、3、5 选两个号码，与开奖号码连续后三位相符 320 元三星组六 1、2、3、4、5——3、4、5 选三个号码，与开奖号码连续后三位相符（顺序不限）160 元注：号码 5~9 为大，0~4 为小；13579 为单，02468 为双。

表 7-1　奖金计算说明

玩法	开奖号码示例	投注号码示例	中奖规则	单注奖金
五星直选	1 2 3 4 5	1 2 3 4 5	选 5 个号码，与开奖号码完全按位全部相符	100000 元
五星通选	1 2 3 4 5	1 2 3 4 5	选 5 个号码，与开奖号码完全按位全部相符	20440 元
		1 2 3 * * 或 * * 3 4 5	选 5 个号码，与开奖号码前三位或后三位按位相符	220 元
		1 2 * * * 或 * * * 4 5	选 5 个号码，与开奖号码前二位或后二位按位相符	20 元
三星		- - 3 4 5	选 3 个号码，与开奖号码连续后三位按位相符	1000 元
二星直选		- - - 4 5	选 2 个号码，与开奖号码连续后二位按位相符	100 元
二星组选		- - - 4 5 或 - - - 5 4	选 2 个号码，与开奖号码连续后二位相符	50 元
一星		- - - - 5	选 1 个号码，与开奖号码个位相符	10 元
大小单双		双单（或双大、小单、小大）	与开奖号码后二位数字属性按位相符	4 元
三星组三	1 2 3 5 3	- - 3 3 5	选两个号码，与开奖号码连续后三位相符	320 元
三星组六	1 2 3 4 5	- - 3 4 5	选三个号码，与开奖号码连续后三位相符（顺序不限）	160 元

注：号码 5~9 为大，0~4 为小；13579 为单，02468 为双

（二）"五星通选"玩法特点

1. 玩法简单、中奖容易

"五星通选"是从 0~9 任选 5 个数进行投注，选号时各位置上所选数字可以有相同数。选号简单、玩法灵活、选中 5 个数的中奖机会是 1/100000，选中 3 个数的中奖机会是 1/1000，选中 2 个数的中奖机会是 1/100，属于中奖概率大的

游戏。

2. 2 元一注号码，五次中奖机会

"五星通选"设 3 个奖级，全部为固定奖。2 元一注号码，三个奖级通吃，五次中奖机会。即使选对 5 个数，要是选中了"前三"、"后三"或者"前对"、"后对"都可中奖。

3. 每注号码可兼中兼得，彩民可得到更多的实惠

"五星通选"游戏规则明确：当期每注号码可兼中兼得。下注 2 元，如果选中一等奖号码，就可以通吃一、二、三等奖，这给彩民朋友带来了更多实惠。这是"五星通选"玩法吸引人的最大卖点。

第八章　选三型彩票各种实战速查图表

一、和值表在选号中的运用

选三型彩票的和值是指开奖号码三位数字相加之和，例如，开奖号码 539，它的和值为 17。和值是个有规律的形态，许多彩民很注重对于和值的研究。对于和值，我们需要了解如下一些基本概念：和值从 0~27 一共 28 个和值点位，每个和值中出的概率与这个和值所包含的号码注数有关，其中和值 13、14 是对应组选号码注数最多的两个和值，因此出现的次数相对较多，从和值 13 到和值 0 对应的注数依次减少，和值 0 仅对应 1 注号码，由和值 14 到和值 27 对应的注数也是逐渐减少，和值 27 也只对应 1 注号码。

在实战中我们把这 28 个和值点位进行区段划分：

和值 0~2 与和值 25~27 这 6 个和值点位定为和值的"极值区"；

和值 3~9 这 7 个和值点位定为和值的"低段和值区"；

和值 10~17 这 8 个和值点位定为和值的"中段和值区"；

和值 18~24 这 7 个和值点位定为和值的"高段和值区"。

如表 8-1 所示：

表 8-1　和值区

0	1	2	3	4	5	6	7	8	9	10	11	12	13	14	15	16	17	18	19	20	21	22	23	24	25	26	27
极值区			低段和值区							中段和值区								高段和值区							极值区		

在实战中，中段和值是我们选择投注号码时分析的重点区域。由于中段和值区内 8 个和值点位所对应的投注号码总数为 114 个，占选三型彩票和值表全部 220 注号码的 50% 以上，使中段和值区成为开奖号码经常出现的主要区域，因此和值点位 10~17 是我们在分析和选择投注号码时的一个重要参考指标。

由于中段和值点位具有这种在某一时段高频出现的特性，我们可以利用它的这一特点观察号码走势情况，适时抓住机会，投注中段和值区域号码。同时，配合并参照其他指标，如跨度、和尾、大小、奇偶、012 路和值等，对投注号码作进一步的筛选，以便降低投注成本，达到具有实战意义的号码数量。正常情况下，在判定和值尾数或 012 路和值的基础上，如能再确定 1~2 枚胆码，将使投注号码数量大大缩水。

在开奖号码的实际走势中，我们可以经常看到中段和值有如下走势特征，即：和值经常会在中段和值区域内连续逗留 2~5 期，之后和值会向"低段和值区"或"高段和值区"移动。见表 8-2。

表 8-2　和值走势

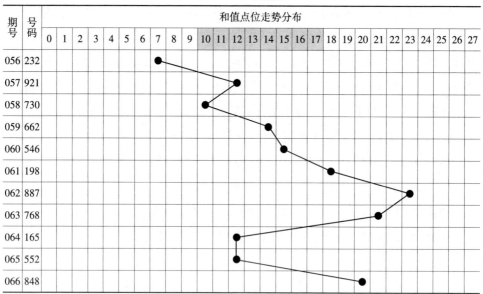

012 路和值可把 0~27 一共 28 个和值点位分为以下三组：

0 路和值：0、3、6、9、12、15、18、21、24、27。

1 路和值：1、4、7、10、13、16、19、22、25。

2 路和值：2、5、8、11、14、17、20、23、26。

如果可以判断出下期和值是属于哪一路，则可以对该路和值进行全包。其中，

0 路和值组选三号码 24 注、组选六号码 42 注；

1 路和值组选三号码 33 注，组选六号码 39 注；

2 路和值组选三号码 33 注，组选六号码 39 注。

和值包点投注是选三型彩票游戏的常用技法之一，选三型彩票和值点的范围是从 0 到 27，即包点投注把选三型彩票千分之一的中奖概率提高到 1/27。包点投注分为单选包点、"组选三"包点和"组选六"包点。其中，组选包点更合算且容易中奖，因为某一点包含的单选注数通常要比组选多，因此在与单选包点相近的投注额下，组选包点可以翻倍投注，不仅可赢大奖，而且更合算。

以和值 15 点为例，单选共 73 注，需投入 146 元。组选 14 注（其中"组选三"4 注；"组选六"10 注），共需 28 元。如果以大致相当的投注额计算，包和值 15 点单选花费 146 元，包和值 15 点"组选三"18 倍花费 144 元，包和值 15 点"组选六"7 倍花费 140 元。一旦中奖，单选奖金为 1040 元，而"组选三"奖金是 346 元的 18 倍为 6228 元，"组选六"的奖金为 173 元的 7 倍是 1211 元，都比单选奖金要高。

二、选三型彩票奇偶大小分区表的运用

选三型彩票中奇偶是彩民们选号分析时的常用指标：奇为 1、3、5、7、9；偶为 0、2、4、6、8。

奇偶有多种形态：

组选（4 种形态）：全偶、两偶一奇、两奇一偶、全奇。

直选奇偶（8 种形态）：偶偶偶、偶偶奇、偶奇偶、奇偶偶、奇偶奇、奇奇偶、偶奇奇、奇奇奇。

在当期号码投注前对奇偶数和大小数的走势及组合情况进行分析研究是十分必要的，它有助于我们对投注号码进行筛选，使号码投注总数缩减到符合实战意义的范围内。

例如，看好当期开奖号码的组合为两偶一奇，我们通过查阅奇偶大小分区表，可以看到，符合两偶一奇的奖号共有75注（包含25注组选三号码和50注组选六号码）。这75注组选号码对于实战来说还是有些多，因此，我们可以再对大小数作分析判断，这样的话，如能进一步确定当期奖号的大小数，那么，就可以把投注号码的总数压缩为24注（4注组3和20注组6），只需投入48元，如开出组选六号码，可得奖金173元，盈利125元；如开出组选三号码，可得奖金346元，盈利298元。很显然，我们只通过上面两个分析步骤，就把号码投注数量缩减为24注，已经达到符合实战要求的投注数量。

三、选三型彩票大小奇偶分区表的运用

选三型彩票中大小是彩民们选号分析时的常用指标，大为5、6、7、8、9；小为0、1、2、3、4。

大小有多种形态：

组选（4种形态）：全大、两大一小、一大两小、全小。

直选大小（8种形态）：大大大、大大小、大小大、小大大、小大小、小小大、大小小、小小小。

选三型彩票的大小奇偶分区表在使用上与奇偶大小分区表的判断方法基本上一致。在实际运用中，大小奇偶分区表的分析步骤与奇偶大小分区表正好相反，奇偶大小分区表在运用上是先分析奇偶数，再确认大小数的走势情况；而大小奇偶分区表是先观察研究大小数的走势情况，然后对奇偶数的变化进行分析。

有部分彩民朋友们在这两个分区表的实际运用中会产生一些误解，认为这两个表格的作用基本是一样的，只要使用其中一个就可以进行实战分析。但实际上每天的号码走势情况是不同的，奇偶数与大小数的走势组合状况每天都可能发生变化，有时奇偶数走势特征明显，有时大小数走势特征突出。因此，要看当期的实际走势情况，哪个有比较明显的走势特征就可采用哪个表格进行分析选号。比如，在实战中，通过观察分析号码走势特征，判断当期开出两偶一奇的概率很大，那么此时就可以采用奇偶大小分区表来进行分析选号。

四、选三型彩票和尾分区表的运用

选三型彩票的和尾是由 0~9 一共 10 个数字组成，每个和尾数分别对应着两个或三个和值。每个和尾数对应的投注号码数量都是一样的，组选号码为 21 个，直选号码为 100 个。

分析和研究和尾数的走势特征具有十分重要的实战意义，大家知道每个和尾数对应的组选号码数量只有 21 个，因此在实战中，依据近期的走势特征，如能精准地判定当期的和尾数，只需投入 42 元，如开出组 6，可得收入 173 元，获净收益 131 元；若开出组 3，可得收入 346 元，获净利 304 元。

在运用和值尾数的选号过程中，首先，根据和值走势特征表找到当期出现概率最高的 4~5 个和值点位。其次，找到当期出现概率最高的 3~4 个和值尾数。然后要做的就是把几个看好的和值与和值尾数放在一起，取其中相同的数字。最后依据筛选后的数字，确定当期的和值范围。比如，观察分析当期和值走势特征，得出发生概率最高的 5 个和值分别是 11、12、13、15、16；而通过和尾走势特征得出当期出现概率最高的 4 个和尾分别是 3、4、5、6。那么，挑选出相同的数值就是 3、5、6，再转换为和值就是 13、15、16。之后可用这 3 个和值配合其他条件作进一步筛选，以获得当期投注号码范围。

在和尾数基本走势的基础上，我们还可以利用和尾数的 012 路走势特征进行投注。"强者恒强，弱者恒弱"，是选三型彩票众多类型走势中的常见现象，从表 8-3 中的和尾数 012 路走势中可以看到，130~139 期 2 路和尾处于走强态势，而 1 路和尾处于走弱状态，1 次都没有出现。我们可以观察和捕捉这种和尾数的 012 路走势特征，适时抓住走热的和尾路数进行投注。

表 8-3 和尾 012 路走势

期号	号码	和值	和尾	和尾 012 路走势分布		
				和尾 0 路	和尾 1 路	和尾 2 路
130	589	22	2			●
131	919	19	9	●		
132	305	8	8			●

续表

期号	号码	和值	和尾	和尾 012 路走势分布		
				和尾 0 路	和尾 1 路	和尾 2 路
133	166	13	3	●		
134	697	22	2			●
135	525	12	2			●
136	510	6	6	●		
137	122	5	5			●
138	020	2	2			●
139	360	9	9	●		

五、选三型彩票跨度分区表的运用

选三型彩票的跨度是指开奖号码中最大数减去最小数的差值。例如，某期的开奖号码是 195，用最大数 9 减去最小数 1 等于 8，那么奖号 195 的跨度就是 8。跨度从跨 0 至跨 9 一共 10 个跨度值，它比起和值总共 28 个点位来说，在分析上范围可以缩小一些。

在选三型彩票中，跨度这一指标是仅次于和尾的另一重要实战参考依据。当我们确定了某一跨度值后，也就同时间接地确定了两码这一指标，例如，看好当期的跨度值为 8，那么符合跨度 8 的两码有 08 或 19，这样一来，我们只需将精力用于分析剩下的另一数字了。

在跨度表中有几类特殊号码：

（1）符合跨度 0 的号码只有 10 注豹子号。

（2）符合跨度 1 的号码只有组 3 号码，共有 18 注。

（3）符合跨度 2 的号码有两种：一种为全偶或全奇的组 3 号码；另一种为拖拉机号码。

在跨 0~跨 9 这 10 个跨度值中，跨 4 和跨 5 是包含投注号码最多的两个跨度值，分别各包含 30 注号码；其次是跨 3 和跨 6，分别各包含 28 注号码。跨 3~跨 6 包含的号码数占全部 210 注组选号码的 55%，因此在实战中，应重点关注这 4 个跨度值，如有能力对中短期跨度走势特征进行分析和判断的话，其他跨度值也可以进行关注。

当连续 3~4 期开出偶数跨度时，接下来应主要关注奇数跨度。当连续 3~4 期开出降序跨度时，接下来应主要关注升序跨度。例如，见表 8-4，142~145 期跨度值连续 4 期为升序走势，分别为 3、6、7、8，那么接下来我们就应重点关注跨度 7、6、5、4，结果，146 期开出了跨度 7，148 期又开出跨度 4，符合预期的判断。

表 8-4　跨度走势

期号	号码	和值	跨度	备注
140	204	6	4	
141	604	10	6	
142	013	4	3	142~145 期，跨度呈现连续 4 期的升序走势，接下来 3~4 期应关注降序走势，以及组选六号码的出现，当组选六出现后紧接着再关注组选三的出现
143	177	15	6	
144	239	14	7	
145	591	15	8	
146	942	15	7	组选六号码出现
147	331	7	2	组选三号码出现
148	152	8	4	
149	987	24	2	

跨度在一定意义上可以影响其开奖号码的形态走势，当跨度值增大时，组 6 号码出现的可能性增强，其次就是对奖号大小与奇偶变化的影响。见表 8-4，142~145 期，跨度呈现连续 4 期的升序走势（跨度值增大），那么接下来 2~3 期我们就应该关注组选六号码的出现，当组选六出现后紧接着再关注组选三的出现。结果，146 期开出了组选六号码，紧跟着 147 期就开出了组选三号码。

六、012 路叠加和值对应跨度组选号码分区表的运用

先说明概念："012 路叠加和值"，见下面的 012 路叠加和值走势表，如 287 期开奖号码是 890，其 012 路和值就是 2 路 +0 路 +0 路 =2，属于 258 中的 2 路和值，其叠加后的 2，就看作本期的叠加和值。又如 297 期开奖号码是 853，其

012 路和值就是 2 路+2 路+0 路=4，属于 147 中的 1 路和值，其叠加后的 4，就看作本期的叠加和值。

表 8-5　叠加和值 012 路走势

期号	号码	和值	跨度	叠加和值 012 路计算	叠加和值 012 路
287	890	17	9	2 + 0 + 0 = 2	2 路
288	430	7	4	1 + 0 + 0 = 1	1 路
289	736	16	4	1 + 0 + 0 = 1	1 路
290	631	10	5	0 + 0 + 1 = 1	1 路
291	196	16	8	1 + 0 + 0 = 1	1 路
292	240	6	4	2 + 1 + 0 = 3	0 路
293	804	12	8	2 + 0 + 1 = 3	0 路
294	612	9	5	0 + 1 + 2 = 3	0 路
295	392	14	7	0 + 0 + 2 = 2	2 路
296	479	20	5	1 + 1 + 0 = 2	2 路
297	853	16	5	2 + 2 + 0 = 4	1 路
298	733	13	4	1 + 0 + 0 = 1	1 路

选三型彩票的和值从 0~27 共 28 个和值点位，我们可以根据"012 路叠加和值"这一概念，把奖号的 28 个和值点划分在不同区段，以便于更好地观察号码走势，并配合跨度走势特征，就能把当期投注号码压缩到一个比较小的范围程度。

要点提示

从表 8-6 中可以看到，012 路叠加和值惯性走势特征明显，因此，如看好当期 012 路叠加和值进入惯性走势时，我们就可以把投注号码缩小在一定范围，并配合跨度走势，进一步筛选出符合要求的投注号码，使总投注注数达到我们可以接受的程度。

表 8-6 叠加和值 012 路走势特征

期号	号码	和值	叠加和值 012 路		
			叠加和值 0 路	叠加和值 1 路	叠加和值 2 路
287	890	17			●
288	430	7		●	
289	736	16		●	
290	631	10		●	
291	196	16		●	
292	240	6	●		
293	804	12	●		
294	612	9	●		
295	392	14			●
296	479	20			●
297	853	16		●	
298	733	13		●	

在号码投注前，先绘制一张叠加和值 012 路走势特征表是很有必要的，通过叠加和值 012 路走势特征表可以很直观地查看叠加和值 012 路的惯性走势情况。通过观察和分析近期叠加和值 012 路的走势，对确定选号范围和缩减号码投注数量具有非常重要的实战作用，让我们只通过一两个分析步骤就可达到具备实战意义的投注数量，避免由于考虑过多的其他条件因素可能带来的不必要错误，可有效地提高投注的命中率。

七、选三型彩票连号组合分区表的运用

在选三型彩票购彩实战中，运用连号组合这一条件对号码进行筛选投注，是彩民们常用的选号方法之一。

连号是指开奖号码中包含有两个或三个相连的号码，即两个号码的差值为 1。比如，奖号 237 中，有 2 个相连号码 2 和 3；又如，奖号 456，是 3 个号码相连，4 和 5 相连，5 和 6 相连。三连号又俗称为"拖拉机"，"拖拉机"号码一共有 10 注：012、123、234、345、456、567、678、789、890、901。

连号组合分区表中汇集了全部含有连号组合的号码 90 注，非连号组合的号码 130 注。连号组合的 90 注号码中包含有 20 注组选三和 70 注组选六号码，而不含连号的 130 注号码中包含有 70 注组选三和 50 注组选六号码，还有 10 注是豹子号。为了能更细致地分析和筛选号码，连号组合分区表还将号码分为单点号码和双点号码（奇数和值和偶数和值），其中，含有连号组合的单点号码和双点号码各包括 45 注；含有非连号组合的单点号码和双点号码各占 65 注。

比如，看好当期会出现连号，并且有望开出点单和值，那么我们就可以从连号组合分区表中，把符合连号及单点这两个条件的号码挑选出来，它们一共有 45 注，全部购买需投入 90 元，但如能判定是组选六号码的话，还可进一步压缩投注号码的范围。

八、选三型彩票连号胆码对应速查表的运用

在购彩实战中，运用连号配合胆码进行选号是一种比较实用的投注方式。首先，分析号码走势，判断当期是否会开出连号组合；其次，确定一个胆码。通过这两个步骤的分析，基本上可以将号码投注范围缩小到 30 注以内。如判定当期会开出连号，并能确定 1 个胆码，那么，符合这两个条件的号码只有 25 注，包括：21 注组选六号码、4 注组选三号码。

从投入产出上看，25 注号码，投入 50 元，无论对组选六还是组选三号码都进行了有效的覆盖。所以，"连号 + 胆码"这种选号方式在实战中还是比较高效的。

九、选三型彩票非连号胆码对应速查表的运用

在选三型彩票投注中，运用非连号配合胆码进行选号也是一种比较有效的投注方式。首先，分析号码走势，判断当期是否会开出非连号组合；其次，确定一个胆码。通过以上这两个步骤的分析，基本上可以将号码投注范围缩小到 30 注以内。如判定当期会出现非连号组合号码，并能确定 1 个胆码，那么，符合这两个条件的号码只有 30 注，包括 15 注组选六号码、14 注组选三号码，还有 1 注

豹子号。

从盈利角度上看，30 注号码，投入 60 元，无论对组选六、组选三还是豹子号码都进行了有效的覆盖。如中得组选六可收入 173 元，盈利 113 元；如中得组选三可获奖金 346 元，盈利 286 元；如中得豹子号可收入 1040 元，获利 980 元。所以，"非连号＋胆码"这种选号方式在实战中还是可以采用的。

十、选三型彩票和尾跨度对应速查表的运用

选三型彩票的和尾是由 0~9 共 10 个数字组成，每个和尾数分别对应着两或三个和值。每个和尾数对应的投注号码数量都是一样的，组选号码为 21 个，直选号码为 100 个。

分析和研究和尾数的走势特征具有十分重要的实战意义，大家知道每个和尾数对应的组选号码数量只有 21 个，因此在实战中，依据近期的走势特征，如能精准地判定当期的和尾数，我们需要做的是购买这个和值尾数的全部组选号码，这时只需投入 42 元。

运用和值尾号进行实战投注，从分析和尾走势到最后选号投注，实际上我们只经过了一个分析步骤。同时，这个分析过程使我们省略了许多因考虑其他因素而可能造成的错误。因此，通过分析和尾走势选号投注，不仅成本低，而且简洁、实用、高效。

跨度是指开奖号码中最大数减去最小数的差值。跨度从跨 0 至跨 9 一共 10 个跨度值。在选三型彩票中，跨度这一指标是仅次于和尾的另一重要实战参考依据。当我们确定了某一跨度值后，也就同时间接地确定了两码这一指标。

和尾和跨度同为选三型彩票投注分析时的重要参考指标，在选号时如能配合得当，有时会起到意想不到的效果。

采用和值尾数配合跨度的分析方法，是先通过分析和值尾数来确定当期开奖号码的初步范围，然后再结合跨度最终确定投注号码。

首先，通过观察分析和尾走势特征图表，挑选出当期出号概率最高的 2~3 个和值尾数。其次，对近期跨度走势进行分析，同样把本期出现概率较高的跨度值挑出 2~3 个。最后，把确定下来的几个和尾和跨度值，通过查询"选三型彩票和

尾跨度对应速查表"，找出相互对应的投注号码。一般情况下，和尾结合跨度通过筛选后，投注号码总数可缩减到10~20注左右。如果再加上一些其他条件（如胆码等）进行过滤的话，那么号码范围可进一步缩小。

例如，从下面的中奖号码和尾跨度走势表中我们看到，288~291期开出的和尾分别是7、6、0、6，即出现了A-B-C-B-（A）的走势形式，并且，292期的和尾为6，未出现（A）的形式（和值2、7、12、17），那么，这期我们看好和值将会开出（A）的形式（和值2、7、12、17），重点关注和尾2、和尾7。跨度方面，本期跨度要重点关注跨3、跨7、跨8。

通过上述分析我们得到2个和尾值和3个跨度值，这时就可查询"选三型彩票和尾跨度对应速查表"，把和尾2、和尾7相对应的跨3、跨7、跨8的号码都挑选出来，它们分别是：255、336、679、124、467、057、138、188、269、007、129、048、179，一共13注号码，结果，293期开出的奖号为804，和值12，和尾2，跨度8，正在我们预测的号码范围之内。

表8-7 中奖号码和尾跨度走势

期号	号码	和值	和尾	跨度	备注
287	890	17	7	9	
288	430	7	7	4	288~291期开出的和尾分别是7、6、0、6，即出现了A-B-C-B-（A）的走势形式，并且，292期的和尾为6，未出现（A）的形式（和值2、7、12、17），那么，本期我们看好和值将会开出（A）的形式（和值2、7、12、17），结果，293期开出了和值12，预测正确
289	736	16	6	4	
290	631	10	0	5	
291	196	16	6	8	
292	240	6	6	4	
293	804	12	2	8	
294	612	9	9	5	
295	392	14	4	7	
296	479	20	0	5	
297	853	16	6	5	
298	733	13	2	4	

十一、选三型彩票胆码组合号码速查表的运用

胆码组合号码速查表，又称为胆拖号码速查表。在选三型彩票 0~9 共 10 位数字中，含有其中一个胆码的三位数共有 55 注号码，包括 1 注"豹子号"（直选号码）、36 注组选六号码和 18 注组选三号码。根据胆码的大小、奇偶的不同，所组合而成的号码可分别含有两大一小、两小一大、两奇一偶、两偶一奇、全大、全小、全奇、全偶等不同形式。例如胆码"8"，可组成全大、全偶类型号码，但不能组成全小、全奇的号码形式。

在选三型彩票选胆过程中，有什么窍门吗？通过查看中奖号码走势图，就可以了解到其中的门道，下一期的奖号一般与前几期号码密不可分，有相互关联的，只要用心观察，参照近期或中期的历史奖号就可以选择出下期要开出的号码，胆码也不例外。

热号回补定胆，在选三型彩票中，当热号（7 期内出现 3 次以上的号码）出现后，一般情况会在 3~4 期后再次现身，随后逐渐转冷，这种走势特征就是热号走强后的号码回补现象。我们可以适时把握住热号回补的时间点，进行定胆选号投注。

奖号间隔码定胆，从走势图上观察，在中奖号码中，常出现两个数字之间间隔 1 至 3 个空格的现象。比如，146 期中奖号码 942，其中 2、4 之间间隔了号码 3，2、9 之间间隔了号码 0、1，当期就可选 0、1、3 作为胆码来使用，结果 147 期开出奖号 331。

捕捉质数 2、3、5、7 作胆码，经统计分析，在实际开奖号码中，含有质数 2、3、5、7 的中奖号码的出现频率将近 80%。一般在间隔一期中奖号码没有出现质数 2、3、5、7 后，建议接下来在选择投注号码时就要特别关注这 4 个质数号码，如果连续 2~3 期奖号里都没有质数出现的话，则下期一定要选含有质数的号码组合。在实战中，如考虑选择质数号码投注，一般可将全质的号码组合排除掉，因全质的号码组合开出的概率很低，同时将不含质数的号码组合也全部放弃，这样就可减少投注号码的总数量，降低投注成本。

全质的号码（共 20 注）如下：

4 注豹子号：222、333、555、777。

4 注组选六号码：235、237、257、357。

12 注组选三号码：223、225、227、332、335、337、552、553、557、772、773、775。

表 8-8 中奖号码分布

期号	奖号	中奖号码分布									
		0	1	2	3	4	5	6	7	8	9
060	546					4	5	6			
061	198		1							8	9
062	887								7	8	
063	768							6	7	8	
064	165		1				5	6			
065	552			2			5				
066	848					4				8	
067	382			2	3					8	
068	217		1	2					7		
069	946					4		6			9
070	333				3						
071	842			2		4				8	

表 8-8 中标出的黑体数字，是斜连号码、三重号，在选三型彩票实际走势中，斜连号、三重号是中奖号码分布图中常见的走势特征。另外，邻号特征也是号码走势上的特征之一。在实战中，分析和观察这几种走势特征，对于胆码的选择是很有用的，当这几种走势特征连续 2~3 期未开出时，我们就可以着手捕捉具有这些特征的号码作为胆码进行投注。

十二、选三型彩票胆码和值跨度三位一体速查表的运用

选三型彩票胆码和值跨度三位一体速查表，具有简洁、准确、快速等优点，无论是对技术型彩民，还是刚开始玩彩票的新彩民，都是非常实用的查号、选号

工具。运用这个速查表,彩民朋友们可以在不借助彩票软件工具的情况下,快速将每个胆码与其所对应的和值、跨度的组选号码组合查找出来,因此,已经被越来越多的彩民朋友们所采用。

例如,从下面的中奖号码分布表中我们看到,145 期和 146 期分别形成两个斜 2 连:1–2、5–4,共同指向了号码"3"。因此,很明显号码"3"是本期的金码。

表 8-9 中奖号码分布

期号	号码	和值	跨度	中奖号码分布									
				0	1	2	3	4	5	6	7	8	9
142	013	4	3	0	1		3						
143	177	15	6		1						7		
144	239	14	7			2	3						9
145	591	15	8		1				5				9
146	942	15	7			2		4					9
147	331	7	2		1		3						
148	152	8	4		1	2			5				
149	987	24	2								7	8	9
150	529	16	7			2			5				9

146 期跨度值为 7,本期(147 期)跨度看好跨 5、跨 4、跨 2。和值方面,从 143~146 期连续 4 期和值处于中段和值范围,本期看好和值回落到 10 以下,预计和值出号范围为 5~10。

我们从选三型彩票胆码和值跨度三位一体速查表中,把跨 5、跨 4、跨 2 这三个跨度包含胆码"3"的号码挑选出来,它们分别是:311、312、313、305、315、324、316、326、335、327、345、337、355、338、347、348、357、358、367、368、377、378、388,一共 23 注号码。

然后从以上 23 注号码中,把和值范围 5~10 的号码挑出来,还剩下 7 注号码,它们分别是:311、312、313、305、315、324、316,结果,147 期开奖号码是 331,正在最后筛选出的 7 注号码当中。

表 8-10 选三型彩票和值分区

和值	0	1	2	3	4	5	6	7	8	9	10	11	12	13	14	15	16	17	18	19	20	21	22	23	24	25	26	27
直选号码	000			111			222			333			444			555			666			777			888			999
组选三号码		001	002 110	003	004 112 220	005 113 221	006 114 330	007 115 223 331	008 116 224 332 440	009 117 225 441	118 226 334 442 550	119 227 335 443 551	228 336 552 660	229 337 445 553 661	338 446 554 662 770	339 447 663 771	448 556 664 772 880	449 557 665 773 881	558 774 882 990	559 667 775 883 991	668 776 884 992	669 885 993	778 886 994	779 887 995	996	889 997	998	
组选六号码				012	013	014 023	015 024 123	016 025 034 124	017 026 035 125 134	018 027 036 045 126 135 234	019 028 037 046 127 136 145 235	029 038 047 056 128 137 146 236 245	039 048 057 129 138 147 156 237 246 345	049 058 067 139 148 157 238 247 256 346	059 068 149 158 167 239 248 257 347 356	069 078 159 168 249 258 267 348 357 456	079 169 178 259 268 349 358 367 457	089 179 269 278 359 368 458 467	189 279 369 378 459 468 567	289 379 469 478 568	389 479 569 578	489 579 678	589 679	689	789			
总注数	1	1	2	3	4	5	7	8	10	12	13	14	15	15	15	15	14	13	12	10	8	7	5	4	3	2	1	1

表格说明：选三型彩票的和值是由奖号的 3 个数字相加的总和。例如，某期的开奖号码是 267，它的和值计算就是：2 + 6 + 7 = 15，那么 267 的和值就是 15。

表 8-11 选三型彩票 012 路和值分区

和值 0 路

和值	0	3	6	9	12	15	18	21	24	27
单选号码	000	111	222	333	444	555	666	777	888	999
组选三号码		003	006, 114, 330	009, 117, 225, 441	228, 336, 552, 660	339, 447, 663, 771	558, 774, 882, 990	669, 885, 993	996	
组选六号码		012	015, 024, 123	018, 027, 036, 045, 126, 135, 234	039, 048, 057, 129, 138, 147, 156, 237, 246, 345	069, 078, 159, 168, 249, 258, 267, 348, 357, 456	189, 279, 369, 378, 459, 468, 567	489, 579, 678	789	
组选注数	1	3	7	12	15	15	12	7	3	1
单选注数	1	10	28	55	73	73	55	28	10	1

和值 1 路

和值	1	4	7	10	13	16	19	22	25
单选号码									
组选三号码	001	004, 112, 220	007, 115, 223, 331	118, 226, 334, 442, 550	229, 337, 445, 553, 661	448, 556, 664, 772, 880	559, 667, 775, 883, 991	778, 886, 994	889, 997
组选六号码		013	016, 025, 034, 124	019, 028, 037, 046, 127, 136, 145, 235	049, 058, 067, 139, 148, 157, 238, 247, 256, 346	079, 169, 178, 259, 268, 349, 358, 367, 457	289, 379, 469, 478, 568	589, 679	
组选注数	1	4	8	13	15	14	10	5	2
单选注数	3	15	36	63	75	69	45	21	6

和值 2 路

和值	2	5	8	11	14	17	20	23	26
单选号码									
组选三号码	002, 110	005, 113, 221	008, 116, 224, 332, 440	119, 227, 335, 443, 551	338, 446, 554, 662, 770	449, 557, 665, 773, 881	668, 776, 884, 992	779, 887, 995	998
组选六号码		014, 023	017, 026, 035, 125, 134	029, 038, 047, 056, 128, 137, 146, 236, 245	059, 068, 149, 158, 167, 239, 248, 257, 347, 356	089, 179, 269, 278, 359, 368, 458, 467	389, 479, 569, 578	689	
组选注数	2	5	10	14	15	13	8	4	1
单选注数	6	21	45	69	75	63	36	15	3

表8-12　选三型彩票奇偶大小分区

奇偶类型分区

奇偶类型	选号形式	具体号码
全奇	单选	111　333　555　777　999
全奇	组选三	113　115　117　119　331　335　337　339　551　553　557　559　771　773　775　779　991　993　995　997
全奇	组选六	135　137　139　157　159　179　357　359　379　579
两奇一偶	组选三	110　112　114　116　118　330　332　334　336　338　550　552　554　556　558　770　772　774　776　778　990　992　994　996　998
两奇一偶	组选六	013　015　017　019　035　037　039　057　059　079　123　125　127　129　134　136　138　145　147　149　156　158　167　169　178　189　235　237　239　257　279　345　347　349　356　358　367　369　378　389　457　459　479　567　569　578　589　679　789
两偶一奇	组选三	001　003　005　007　009　221　223　225　227　229　441　443　445　447　449　661　663　665　667　669　881　883　885　887　889
两偶一奇	组选六	012　014　016　018　023　025　027　029　034　036　038　045　047　049　056　058　067　069　078　089　124　126　128　146　148　168　234　236　238　245　247　249　256　258　267　269　278　289　346　348　368　456　458　467　469　478　489　568　678　689
全偶	单选	000　222　444　666　888
全偶	组选三	002　004　006　008　220　224　226　228　440　442　446　448　660　662　664　668　880　882　884　886
全偶	组选六	024　026　028　046　048　068　246　248　268　468

大小类型分区

大小类型	选号形式	具体号码
全小	单选	000　111　222　333　444
全小	组选三	001　002　003　004　110　112　113　114　220　221　223　224　330　331　332　334　440　441　442　443
全小	组选六	012　013　014　023　024　034　123　124　134　234
两小一大	组选三	005　006　007　008　009　115　116　117　118　119　225　226　227　228　229　335　336　337　338　339　445　446　447　448　449
两小一大	组选六	015　016　017　018　019　025　026　027　028　029　035　036　037　038　039　045　046　047　048　049　125　126　127　128　129　135　136　137　138　139　145　146　147　148　149　235　236　237　238　239　245　246　247　248　249　345　346　347　348　349
两大一小	组选三	550　551　552　553　554　660　661　662　663　664　770　771　772　773　774　880　881　882　883　884　990　991　992　993　994
两大一小	组选六	056　057　058　059　067　068　069　078　079　089　156　157　158　159　167　168　169　178　179　189　256　257　258　259　267　268　269　278　279　289　356　357　358　359　367　368　369　378　379　389　456　457　458　459　467　468　469　478　479　489
全大	单选	555　666　777　888　999
全大	组选三	556　557　558　559　665　667　668　669　775　776　778　779　885　886　887　889　995　996　997　998
全大	组选六	567　568　569　578　579　589　678　679　689　789

表8-13　选三型彩票大小奇偶分区

大小类型

号码形式	全大			两大一小		两小一大		全小		
	直选	组选三	组选六	组选三	组选六	组选三	组选六	直选	组选三	组选六
具体号码	555	556 557 558 559 665	567 568 569 578 579	550 551 552 553 554	056 057 058 059 067 068 069 078 079 089	005 006 007 008 009	015 016 017 018 019	000	001 002 003 004 110 112 113 114 220 221	012 013 014 023 024 034 123 124 134 234
	666	667 668 669 775 776	589 678 679 689 789	660 661 662 663 664	156 157 158 159 167 168 169 178 179 189	115 116 117 118 119	025 026 027 028 029	111	223 224 330 331 332 334 440 441 442 443	
	777	778 779 885 886 887		770 771 772 773 774	256 257 258 259 267 268 269 278 279 289	225 226 227 228 229	035 036 037 038 039	222		
	888	889 995 996 997 998		880 881 882 883 884	356 357 358 359 367 368 369 378 379 389	335 336 337 338 339	045 046 047 048 049	333		
	999			990 991 992 993 994	456 457 458 459 467 468 469 478 479 489	445 446 447 448 449	125 126 127 128 129 135 136 137 138 139 145 146 147 148 149 235 236 237 238 239 245 246 247 248 249 345 346 347 348 349	444		

奇偶类型

号码形式	全奇			两奇一偶		两偶一奇		全偶		
	直选	组选三	组选六	组选三	组选六	组选三	组选六	直选	组选三	组选六
具体号码	555	115 116 117 118 119	059 079 156 158 167 169 178 189	125 127 129 136 138 145 147 149 235 237	279 356 358 367 369 378 389 457 459 479	018 025 027 029 036 038 045 047 049 126 128 146 148 236 238 245 247	005 007 009 016	000	006 008 026 028 046 048	012 014 221 223 441 443
	777	335 337 339	557 559 775 779 995 997	015 017 019 035 037 039			227 229 229 445 447 449	222	220 224 440 442	023 034 123 134
	999	135 137 139 157 159 179 357 359 379 579						444		

表 8-14　选三型彩票和尾分区

和尾	和值	直选	组选三	组选六	组选注数	直选注数
0	0	000				
0	10		118 226 334 442 550	019 028 037 046 127 136 145 235		
0	20		668 776 884 992	389 479 569 578	21	100
1	1		001			
1	11		119 227 335 443 551	029 038 047 056 128 137 146 236 245		
1	21	777	669 885 993	489 579 678	21	100
2	2		002 011			
2	12	444	228 336 552 660	039 048 057 129 138 147 156 237 246 345		
2	22		778 886 994	589 679	21	100
3	3	111	003	012		
3	13		229 337 445 553 661	049 058 067 139 148 157 238 247 256 346		
3	23		779 887 995	689	21	100
4	4		004 022 112	013		
4	14		338 446 554 662 770	059 068 149 158 167 239 248 257 347 356		
4	24	888	996	789	21	100
5	5		005 113 122	014 023		
5	15	555	339 447 663 771	069 078 159 168 249 258 267 348 357 456		
5	25		889 997		21	100
6	6	222	006 033 114	015 024 123		
6	16		448 556 664 772 880	079 169 178 259 268 349 358 367 457		
6	26		998		21	100
7	7		007 115 133 223	016 025 034 124		
7	17		449 665 773 775 881	089 179 269 278 359 368 458 467		
7	27	999			21	100
8	8		008 044 116 224 233	017 026 035 125 134		
8	18	666	558 774 882 990	189 279 369 378 459 468 567	21	100
9	9	333	009 117 144 225	018 027 036 045 126 135 234		
9	19		559 667 775 883 991	289 379 469 478 568	21	100

表8-15　选三型彩票跨度分区

跨度	0	1	2	2	3	3	4	4	5	5	6	6	7	7	8	8	9	9
	直选	组选三	组选三	组选六	组选三	组选六	组选三	组选六	组选三	组选六	组选三	组选六	组选三	组选六	组选三	组选六	组选三	组选六
单点号码	111 333 555 777 999	001 221 223 443 445 665 667 887 889	113 331 335 553 557 775 779 997	012 234 456 678	003 225 441 447 663 669 885	013 134 235 356 457 578 679	115 337 551 559 773 995	014 034 135 236 256 357 458 478 579	005 227 449 661 883	015 035 136 156 237 257 358 378 459 479	117 339 771 993	016 036 056 137 157 238 258 278 359 379	007 229 881	017 037 057 138 158 178 239 259 279	119 991	018 038 058 078 139 159 179	009	019 039 059 079
单点注数	5	9	8	4	7	7	6	9	5	10	4	10	3	9	2	7	1	4
双点号码	000 222 444 666 888	110 112 332 334 554 556 776 778 998	002 220 224 442 446 664 668 886	123 345 567 789	114 330 336 552 558 774 996	023 124 245 346 467 568 689	004 226 440 448 662 884	024 125 145 246 347 367 468 569 589	116 338 550 772 994	025 045 126 146 247 267 348 368 469 489	006 228 660 882	026 046 127 147 167 248 268 349 369 389	118 770 992	027 047 067 128 148 168 249 269 289	008 880	028 048 068 129 149 169 189	990	029 049 069 089
双点注数	5	9	8	4	7	7	6	9	5	10	4	10	3	9	2	7	1	4
类型注数	10	18	16	8	14	14	12	18	10	20	8	20	6	18	4	14	2	8
总注数	10	18	24		28		30		30		28		24		18		10	

表8-16　012路叠加和值对应跨度组选号码分区

0路叠加和值

叠加和值012路 跨度	跨1	跨2	跨3	跨4	跨5	跨6	跨7	跨8	跨9
组选三			003			006			009
			114			117			990
			225			228			
			330			339			
			336			660			
			441			771			
			447			882			
			552			993			
			558						
			663						
			669						
			774						
			885						
			996						
组选六		012		024	015	036	027	018	039
		123		135	045	147	057	048	069
		234		246	126	258	138	078	
		345		357	156	369	168	129	
		456		468	237		249	159	
		567		579	267		279	189	
		678			348				
		789			378				
					459				
					489				
组选三注数	0	0	14	0	0	8	0	0	2
组选六注数	0	8	0	6	10	4	6	6	2

1路叠加和值

	跨1	跨2	跨3	跨4	跨5	跨6	跨7	跨8	跨9
组选三	001	220		004	550		007	880	
	112	331		115	661		118	991	
	223	442		226	772		229		
	334	553		337	883				
	445	664		448	994				
	556	775		559					
	667	886							
	778	997							
	889								
组选六			013	034	025	016	037	028	019
			124	145	136	046	067	058	049
			235	256	247	127	148	139	079
			346	367	358	157	178	169	
			457	478	469	238	259		
			568	589		268	289		
			679			349			
						379			
组选三注数	9	8	0	6	5	0	3	2	0
组选六注数	0	0	7	6	5	8	6	4	3

2路叠加和值

	跨1	跨2	跨3	跨4	跨5	跨6	跨7	跨8	跨9
组选三	110	002		440	005		770	008	
	221	113		551	116		881	119	
	332	224		662	227		992		
	443	335		773	338				
	554	446		884	449				
	665	557		995					
	776	668							
	887	779							
	998								
组选六			023	014	035	026	017	038	029
			134	125	146	056	047	068	059
			245	236	257	137	128	149	089
			356	347	368	167	158	179	
			467	458	479	248	239		
			578	569		278	269		
			689			359			
						389			
组选三注数	9	8	0	6	5	0	3	2	0
组选六注数	0	0	7	6	5	8	6	4	3

表 8-17 叠加和值 012 路组三、组六号码对应和值分区

叠加和值012路 和值	叠加和值 0 路			叠加和值 1 路			叠加和值 2 路		
	1~10	11~19	20~27	1~10	11~19	20~27	1~10	11~19	20~27
组选三	003	228 447	669	001 331	229 772	778	008	119 662	668 779
组选三	006	336 771	885	004 118	337 880	886	110 116	227 770	776 992
组选三	114	552 558	993	112 226	445 559	994	005 224	335 449	884 995
组选三	330	660 774	996	220 334	553 667	889	113 332	443 557	887 998
组选三	009	663 882		007 442	661 775	997	221 440	551 665	
组选三	117	339 990		115 550	448 883		002	338 773	
组选三	225			223	556 991			446 881	
组选三	441				664			554	
组选六	012 036	039 345 357	489	013 037	049 346 457	589	014	029 059 356	389
组选六	015 045	048 069 456	579	016 046	058 079 289	679	023	038 068 089	479
组选六	024 126	057 078 189	678	025 127	067 169 379		017	047 149 179	569
组选六	123 135	129 159 279	789	034 136	139 178 478		026	056 158 269	578
组选六	018 234	138 168 369		124 145	148 259 469		035	128 167 278	689
组选六	027	147 249 378		019 235	157 268 568		125	137 239 359	
组选六		156 258 459		028	238 349		134	146 248 368	
组选六		237 267 468			247 358			236 257 458	
组选六		246 348 567			256 367			245 347 467	
组选三注数	8	12	4	13	15	5	10	15	8
组选六注数	11	27	4	13	24	2	7	27	5

表 8-18　选三型彩票连号组合分区

号码类型	含连号 组选三		含连号 组选六							含连号 直选	不含连号 组选三							不含连号 组选六				
单点号码	001	445	012	029	067	126	245	346	478	111	003	117	331	447	559	773	885	025	058	148	247	359
	009	665	014	034	069	128	256	348	489	333	005	119	335	449	661	775	991	027	135	157	249	368
	221	667	016	045	078	234	267	456	568	555	007	225	337	551	663	779	993	036	137	159	258	379
	223	887	018	049	089	236	278	458	678	777	113	227	339	553	669	881	995	038	139	168	269	469
	443	889	023	056	124	238	289	467	689	999	115	229	441	557	771	883	997	047	146	179	357	579
单点注数	10		35							5	35							25				
双点号码	110	556	013	059	129	178	345	378	569	000	002	116	228	442	558	770	884	024	046	138	246	279
	112	776	015	079	134	189	347	389	578	222	004	118	330	446	660	772	886	026	048	147	248	358
	332	778	017	123	145	235	349	457	589	444	006	220	336	448	662	774	992	028	057	149	257	369
	334	990	019	125	156	237	356	459	679	666	008	224	338	550	664	880	994	035	068	158	259	468
	554	998	039	127	167	239	367	567	789	888	114	226	440	552	668	882	996	037	136	169	268	479
双点注数	10		35							5	35							25				
单双点注数	20		70							10	120											
总注数	220																					

表8-19　选三型彩票连号胆码对应速查

类型	胆码0		胆码1		胆码2		胆码3		胆码4		胆码5		胆码6		胆码7		胆码8		胆码9	
	单点	双点	单点	双点	单点	双点	单点	双点	单点	双点	单点	双点	单点	双点	单点	双点	单点	双点	单点	双点
组选三	001	011	001	011	122	112	223	233	344	334	445	455	566	556	667	677	788	778	889	899
组选三	009	099	122	112	223	233	344	334	445	455	566	556	667	677	788	778	889	899	900	990
组选六	012	013	012	013	012	123	023	013	014	134	045	015	016	156	067	017	018	178	029	019
组选六	014	015	014	015	023	125	034	039	034	145	056	059	056	167	078	079	078	189	049	039
组选六	016	017	016	017	029	127	234	123	045	345	245	125	067	356	267	127	089	378	069	059
组选六	018	019	018	019	124	129	236	134	049	347	256	145	069	367	278	167	128	389	089	079
组选六	023	039	124	123	126	235	238	235	124	349	456	156	126	567	467	178	238	578	289	129
组选六	029	059	126	125	128	237	346	237	234	457	458	235	236	569	478	237	278	589	489	189
组选六	034	079	128	127	234	239	348	239	245	459	467	345	256	679	678	347	289	789	689	239
组选六	045			129	236			345	346			356	267			367	348			349
组选六	049			134	238			347	348			457	346			378	458			389
组选六	056			145	245			349	456			459	456			457	478			459
组选六	067			156	256			356	458			567	467			567	489			569
组选六	069			167	267			367	467			569	568			578	568			589
组选六	078			178	278			378	478			578	678			679	678			679
组选六	089			189	289			389	489			589	689			789	689			789
注数	25		25		25		25		25		25		25		25		25		25	

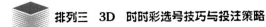

表 8-20 选三型彩票非连号胆码对应速查

类型	胆码0 单点	胆码0 双点	胆码1 单点	胆码1 双点	胆码2 单点	胆码2 双点	胆码3 单点	胆码3 双点	胆码4 单点	胆码4 双点	胆码5 单点	胆码5 双点	胆码6 单点	胆码6 双点	胆码7 单点	胆码7 双点	胆码8 单点	胆码8 双点	胆码9 单点	胆码9 双点
豹子		000	111			222	333			444	555			666	777			888	999	
组选三	003	002	113	114	225	002	003	033	144	004	005	055	166	006	007	077	188	008	119	299
	005	004	115	116	227	022	113	336	447	044	115	255	366	066	117	277	388	088	199	499
	007	006	117	118	229	224	133	338	449	114	155	558	669	116	177	477	588	118	229	699
		008	119			226	335			224	225			226	227			228	339	
		022	133			228	337			244	335			266	337			288	399	
		033	144			244	339			446	355			336	377			338	449	
		044	155			255	355			448	557			446	447			448	559	
		055	166			266	366			466	559			466	557			488	599	
		066	177			277	377			477	577			668	577			558	669	
		077	188			288	388			488	588			688	779			668	779	
		088	199			299	399			499	599			699	799			688	799	
组选六	025	024	135	136	025	024	036	035	047	024	025	035	036	026	027	037	038	028	139	149
	027	026	137	138	027	026	038	037	146	046	058	057	146	046	047	057	058	048	159	169
	036	028	139	147	247	028	135	136	148	048	135	158	168	068	137	147	148	068	179	259
	038	035	146	149	249	246	137	138	247	147	157	257	269	136	157	257	168	138	249	279
	047	037	148	158	258	248	139	358	249	149	159	259	368	169	179	279	258	158	269	369
	058	046	157	169	269	257	357	369	469	246	258	358	469	246	247	479	368	248	359	479
		048	159			259	359			248	357			268	357			268	379	
		057	168			268	368			468	359			369	379			358	469	
		068	179			279	379			479	579			468	579			468	579	
注数	30		30		30		30		30		30		30		30		30		30	

表8-21　选三型彩票和尾跨度对应速查

和值跨度	和值尾0	和值尾1	和值尾2	和值尾3	和值尾4	和值尾5	和值尾6	和值尾7	和值尾8	和值尾9
跨度0	000	777	444	111	888	555	222	999	666	333
跨度1	334 677	001 344	011 778	445 788	112 455	122 889	556 899	223 566	233	667
跨度2	244 668	335 678	002 345 688	012 355 779	022 446 789	113 456 799	123 466	133 557	224 567	234 577
跨度3	235 578	245 588 669	255 336 679	003 346 689	013 356 699	023 366 447	033 114 457	124 467	134 477 558	144 225 568
跨度4	145 226 488 569	155 236 579	246 589	256 337 599	004 266 347	014 357	024 367 448	034 115 377 458	044 125 468	135 478 559
跨度5	055 136 479	146 227 489	156 237 499	166 247	257 338	005 267 348	015 277 358	025 368 449	035 116 378 459	045 126 388 469
跨度6	046 127 389	056 137 399	066 147 228	157 238	167 248	177 258 339	006 268 349	016 278 359	026 288 369	036 117 379
跨度7	037 118 299	047 128	057 138	067 148 229	077 158 239	168 249	178 259	007 188 269	017 279	027 289
跨度8	028	038 119	048 129	058 139	068 149	078 159	088 169	179	008 189	018 199
跨度9	019	029	039	049	059	069	079	089	099	009

表8-22　选三型彩票胆码组合号码速查

胆码 0 的组合						胆码 1 的组合						胆码 2 的组合						胆码 3 的组合						胆码 4 的组合					
000	011	012	024	037	057	111	001	012	124	137	157	222	002	012	124	237	257	333	003	013	134	237	357	444	004	014	134	247	457
001	022	013	025	038	058	011	122	013	125	138	158	022	112	023	125	238	258	033	113	023	135	238	358	044	114	024	145	248	458
002	033	014	026	039	059	112	133	014	126	139	159	122	233	024	126	239	259	133	223	034	136	239	359	144	224	034	146	249	459
003	044	015	027	045	067	113	144	015	127	145	167	223	244	025	127	245	267	233	344	035	137	345	367	244	334	045	147	345	467
004	055	016	028	046	068	114	155	016	128	146	168	224	255	026	128	246	268	334	355	036	138	346	368	344	455	046	148	346	468
005	066	017	029	047	069	115	166	017	129	147	169	225	266	027	129	247	269	335	366	037	139	347	369	445	466	047	149	347	469
006	077	018	034	048	078	116	177	018	134	148	178	226	277	028	234	248	278	336	377	038	234	348	378	446	477	048	234	348	478
007	088	019	035	049	079	117	188	019	135	149	179	227	288	029	235	249	279	337	388	039	235	349	379	447	488	049	245	349	479
008	099	023	036	056	089	118	199	123	136	156	189	228	299	123	236	256	289	338	399	123	236	356	389	448	499	124	246	456	489
009						119						229						339						449					

胆码 5 的组合						胆码 6 的组合						胆码 7 的组合						胆码 8 的组合						胆码 9 的组合					
555	005	015	135	257	457	666	006	016	136	267	467	777	007	017	137	267	467	888	008	018	138	268	468	999	009	019	139	269	469
055	115	025	145	258	458	066	116	026	146	268	468	077	117	027	147	278	478	088	118	028	148	278	478	099	119	029	149	279	479
155	225	035	156	259	459	166	226	036	156	269	469	177	227	037	157	279	479	188	228	038	158	289	489	199	229	039	159	289	489
255	335	045	157	345	567	266	336	046	167	346	567	277	337	047	167	347	567	288	338	048	168	348	568	299	339	049	169	349	569
355	445	056	158	356	568	366	446	056	168	356	568	377	447	057	178	357	578	388	448	058	178	358	578	399	449	059	179	359	579
455	566	057	159	357	569	466	556	067	169	367	569	477	557	067	179	367	579	488	558	068	189	368	589	499	559	069	189	369	589
556	577	058	235	358	578	566	677	068	236	368	678	577	667	078	237	378	678	588	668	078	238	378	678	599	669	079	239	379	679
557	588	059	245	359	579	667	688	069	246	369	679	677	788	079	247	379	679	688	778	089	248	389	689	699	779	089	249	389	689
558	599	125	256	456	589	668	699	126	256	456	689	778	799	127	257	457	789	788	899	128	258	458	789	799	889	129	259	459	789
559						669						779						889						899					

表 8-23 选三型彩票胆码和值跨度三位一体速查

序号	胆码0			胆码1			胆码2			胆码3			胆码4			胆码5			胆码6			胆码7			胆码8			胆码9		
	跨度	号码	和值	跨度	号码	和值	跨度	号码	和值	跨度	号码	和值	跨度	号码	和值	跨度	号码	和值	跨度	号码	和值	跨度	号码	和值	跨度	号码	和值	跨度	号码	和值
1	0	000	0	1	100	1	2	200	2	3	300	3	4	400	4	5	500	5	6	600	6	7	700	7	8	800	8	9	900	9
2	1	001	1	1	101	2	2	201	3	3	301	4	4	401	5	5	501	6	6	601	7	7	701	8	8	801	9	9	901	10
3	2	002	2	2	102	3	2	202	4	3	302	5	4	402	6	5	502	7	6	602	8	7	702	9	8	802	10	9	902	11
4	1	011	2	0	111	3	1	211	4	2	311	5	3	411	6	4	511	7	5	611	8	6	711	9	7	811	10	8	911	11
5	3	003	3	3	103	4	3	203	5	3	303	6	4	403	7	5	503	8	6	603	9	7	703	10	8	803	11	9	903	12
6	2	012	3	1	112	4	1	212	5	2	312	6	3	412	7	4	512	8	5	612	9	6	712	10	7	812	11	8	912	12
7	4	004	4	4	104	5	4	204	6	4	304	7	4	404	8	5	504	9	6	604	10	7	704	11	8	804	12	9	904	13
8	3	013	4	2	113	5	2	213	6	2	313	7	3	413	8	4	513	9	5	613	10	6	713	11	7	813	12	8	913	13
9	2	022	4	1	122	5	0	222	6	1	322	7	2	422	8	3	522	9	4	622	10	5	722	11	6	822	12	7	922	13
10	5	005	5	5	105	6	5	205	7	5	305	8	5	405	9	5	505	10	6	605	11	7	705	12	8	805	13	9	905	14
11	4	014	5	3	114	6	3	214	7	3	314	8	3	414	9	4	514	10	5	614	11	6	714	12	7	814	13	8	914	14
12	3	023	5	2	123	6	1	223	7	1	323	8	2	423	9	3	523	10	4	623	11	5	723	12	6	823	13	7	923	14
13	6	006	6	6	106	7	6	206	8	6	306	9	6	406	10	6	506	11	6	606	12	7	706	13	8	806	14	9	906	15
14	5	015	6	4	115	7	4	215	8	4	315	9	4	415	10	4	515	11	5	615	12	6	715	13	7	815	14	8	915	15
15	4	024	6	3	124	7	2	224	8	2	324	9	2	424	10	3	524	11	4	624	12	5	724	13	6	824	14	7	924	15
16	3	033	6	2	133	7	1	233	8	0	333	9	1	433	10	2	533	11	3	633	12	4	733	13	5	833	14	6	933	15
17	7	007	7	7	107	8	7	207	9	7	307	10	7	407	11	7	507	12	7	607	13	7	707	14	8	807	15	9	907	16
18	6	016	7	5	116	8	5	216	9	5	316	10	5	416	11	5	516	12	5	616	13	6	716	14	7	816	15	8	916	16
19	5	025	7	4	125	8	3	225	9	3	325	10	3	425	11	3	525	12	4	625	13	5	725	14	6	825	15	7	925	16

序号	胆码0			胆码1			胆码2			胆码3			胆码4			胆码5			胆码6			胆码7			胆码8			胆码9		
	跨度	号码	和值	跨度	号码	和值	跨度	号码	和值	跨度	号码	和值	跨度	号码	和值	跨度	号码	和值	跨度	号码	和值	跨度	号码	和值	跨度	号码	和值	跨度	号码	和值
20	4	034	7	3	134	8	2	234	9	1	334	10	1	434	11	2	534	12	3	634	13	4	734	14	5	834	15	6	934	16
21	8	008	8	8	108	9	8	208	10	8	308	11	8	408	12	8	508	13	8	608	14	8	708	15	8	808	16	9	908	17
22	7	017	8	6	117	9	6	217	10	6	317	11	6	417	12	6	517	13	6	617	14	6	717	15	7	817	16	8	917	17
23	6	026	8	5	126	9	4	226	10	4	326	11	4	426	12	4	526	13	4	626	14	5	726	15	6	826	16	7	926	17
24	5	035	8	4	135	9	3	235	10	2	335	11	2	435	12	2	535	13	3	635	14	4	735	15	5	835	16	6	935	17
25	4	044	8	3	144	9	2	244	10	1	344	11	0	444	12	1	544	13	2	644	14	3	744	15	4	844	16	5	944	17
26	9	009	9	9	109	10	9	209	11	9	309	12	9	409	13	9	509	14	9	609	15	9	709	16	9	809	17	9	909	18
27	8	018	9	7	118	10	7	218	11	7	318	12	7	418	13	7	518	14	7	618	15	7	718	16	7	818	17	8	918	18
28	7	027	9	6	127	10	5	227	11	5	327	12	5	427	13	5	527	14	5	627	15	5	727	16	6	827	17	7	927	18
29	6	036	9	5	136	10	4	236	11	3	336	12	3	436	13	3	536	14	3	636	15	4	736	16	5	836	17	6	936	18
30	5	045	9	4	145	10	3	245	11	2	345	12	1	445	13	1	545	14	2	645	15	3	745	16	4	845	17	5	945	18
31	9	019	10	8	119	11	8	219	12	8	319	13	8	419	14	8	519	15	8	619	16	8	719	17	8	819	18	8	919	19
32	8	028	10	7	128	11	6	228	12	6	328	13	6	428	14	6	528	15	6	628	16	6	728	17	6	828	18	7	928	19
33	7	037	10	6	137	11	5	237	12	4	337	13	4	437	14	4	537	15	4	637	16	4	737	17	5	837	18	6	937	19
34	6	046	10	5	146	11	4	246	12	3	346	13	2	446	14	2	546	15	2	646	16	3	746	17	4	846	18	5	946	19
35	5	055	10	4	155	11	3	255	12	2	355	13	1	455	14	0	555	15	1	655	16	2	755	17	3	855	18	4	955	19
36	9	029	11	8	129	12	7	229	13	7	329	14	7	429	15	7	529	16	7	629	17	7	729	18	7	829	19	7	929	20
37	8	038	11	7	138	12	6	238	13	5	338	14	5	438	15	5	538	16	5	638	17	5	738	18	5	838	19	6	938	20
38	7	047	11	6	147	12	5	247	13	4	347	14	3	447	15	3	547	16	3	647	17	3	747	18	4	847	19	5	947	20

续表

序号	胆码0 跨度	胆码0 号码	胆码0 和值	胆码1 跨度	胆码1 号码	胆码1 和值	胆码2 跨度	胆码2 号码	胆码2 和值	胆码3 跨度	胆码3 号码	胆码3 和值	胆码4 跨度	胆码4 号码	胆码4 和值	胆码5 跨度	胆码5 号码	胆码5 和值	胆码6 跨度	胆码6 号码	胆码6 和值	胆码7 跨度	胆码7 号码	胆码7 和值	胆码8 跨度	胆码8 号码	胆码8 和值	胆码9 跨度	胆码9 号码	胆码9 和值
39	6	056	11	5	156	12	4	256	13	3	356	14	2	456	15	1	556	16	1	656	17	2	756	18	3	856	19	4	956	20
40	9	039	12	8	139	13	7	239	14	6	339	15	6	439	16	6	539	17	6	639	18	6	739	19	6	839	20	6	939	21
41	8	048	12	7	148	13	6	248	14	5	348	15	4	448	16	4	548	17	4	648	18	4	748	19	4	848	20	5	948	21
42	7	057	12	6	157	13	5	257	14	4	357	15	3	457	16	2	557	17	2	657	18	2	757	19	3	857	20	4	957	21
43	6	066	12	5	166	13	4	266	14	3	366	15	2	466	16	1	566	17	0	666	18	1	766	19	2	866	20	3	966	21
44	9	049	13	8	149	14	7	249	15	6	349	16	5	449	17	5	549	18	5	649	19	5	749	20	5	849	21	5	949	22
45	8	058	13	7	158	14	6	258	15	5	358	16	4	458	17	3	558	18	3	658	19	3	758	20	3	858	21	4	958	22
46	7	067	13	6	167	14	5	267	15	4	367	16	3	467	17	2	567	18	1	667	19	1	767	20	2	867	21	3	967	22
47	9	059	14	8	159	15	7	259	16	6	359	17	5	459	18	4	559	19	4	659	20	4	759	21	4	859	22	4	959	23
48	8	068	14	7	168	15	6	268	16	5	368	17	4	468	18	3	568	19	2	668	20	2	768	21	2	868	22	3	968	23
49	7	077	14	6	177	15	5	277	16	4	377	17	3	477	18	2	577	19	1	677	20	0	777	21	1	877	22	2	977	23
50	9	069	15	8	169	16	7	269	17	6	369	18	5	469	19	4	569	20	3	669	21	3	769	22	3	869	23	2	969	24
51	8	078	15	7	178	16	6	278	17	5	378	18	4	478	19	3	578	20	2	678	21	1	778	22	1	878	23	2	978	24
52	9	079	16	8	179	17	7	279	18	6	379	19	4	479	20	4	579	21	2	679	22	1	779	23	2	879	24	2	979	25
53	8	088	16	7	188	17	6	288	18	5	388	19	5	488	20	3	588	21	3	688	22	1	788	23	0	888	24	1	988	25
54	9	089	17	8	189	18	7	289	19	6	389	20	5	489	21	4	589	22	3	689	23	2	789	24	1	889	25	1	989	26
55	9	099	18	8	199	19	7	299	20	6	399	21	5	499	22	4	599	23	3	699	24	2	799	25	1	899	26	0	999	27